FABIEN GALTHIÉ

RETOUR INTÉRIEUR

ÉCRIT AVEC

MATTHIEU LARTOT

ISBN : 978-2-263-06473-9
Code éditeur : S06473

Retrouvez-nous sur www.solar.fr

Solar | un département **place des éditeurs**

place des éditeurs

FABIEN GALTHIÉ

RETOUR INTÉRIEUR

ÉCRIT AVEC
MATTHIEU LARTOT

SOLAR
EDITIONS

Prologue

Février 1986

C'est un triste samedi après-midi d'hiver. J'ai 17 ans. Un samedi de plus à errer sans occupation. Depuis le début de la saison, je ne joue plus au rugby. Des douleurs dorsales m'ont poussé à consulter un médecin, puis deux, puis la sommité locale, celui du CREPS de Toulouse. Son verdict est malheureusement sans appel : plus de rugby ! Le spondylolisthésis (affection du squelette humain) dont je suis atteint met en danger ma moelle épinière. Je dois passer des soirées entières à tremper dans des piscines avec le troisième âge. Simultanément, mon acné juvénile importante oblige mon dermatologue à me prescrire du Roaccutane, un médicament dont j'ai appris plus tard qu'il pouvait provoquer chez l'adolescent une grave dépression et, dans les cas les plus extrêmes, le suicide. Tout ça combiné met en péril mon année de première scientifique au lycée Pierre de Fermat. Mes résultats s'effondrent. Le bon élève de seconde que j'étais est devenu un cancre. Mes notes sont au plus bas, comme mon moral. Je me souviens des regards de mes professeurs et de leurs commentaires désobligeants. Pour autant, je subis les événements et apparais sans ressource, sans aucune volonté : électroencéphalogramme plat ! Le vide absolu ! Au fil des jours, je m'enfonce dans la tristesse et la mélancolie. Mon seul refuge est mon village natal du Lot, Montgesty. Ce morceau de terre qui brûle ma mémoire. J'y consulte mon médecin de famille, qui diagnostique la maladie du baiser : la mononucléose ! Paradoxal, car l'ado boutonneux et mal dans sa peau que je suis n'a jamais embrassé une fille. Absolument jamais...

Ce samedi donc, je sillonne les rues de Tournefeuille, l'âme en peine. Subitement, j'aperçois un match de rugby sur le terrain municipal. Je ne me souviens pas des équipes mais seulement que ce devait être une rencontre de juniors. Sans savoir pourquoi, je me dirige derrière le stade, pose mon vélo sur la balustrade et m'enfonce dans le couloir. Une fois devant le vestiaire, je rentre et m'assois sur le banc. Soudain, l'odeur du lieu, son atmosphère et son âme me saisissent violemment. Pour la première fois au cours de cette année vide, plate et sans saveur, je me sens bien. Enfin, je respire ! J'ai l'impression de vivre à nouveau. Le match se termine, et les joueurs reviennent au vestiaire. Je quitte précipitamment les lieux, mais c'est décidé : quoi qu'il arrive, mercredi prochain, je serai à l'entraînement avec les juniors de Colomiers.

1
Les Vingt Glorieuses

> « Le destin n'est pas une question de chance, c'est une question de choix. Il n'est pas quelque chose qu'on doit attendre, mais qu'on doit accomplir. »
>
> William Bryan

Comment devient-on un grand champion ? Sommes-nous destinés à en devenir un ? Évidemment, non. On ne naît pas champion, on le devient.

De son village de Montgesty, dans le Lot, à l'école de rugby de Tournefeuille, près de Toulouse, en passant par Colomiers puis Paris, Fabien Galthié a bâti une carrière hors norme : demi de mêlée le plus capé du rugby français avec 64 sélections ; seul joueur tricolore à ce jour à avoir participé à quatre Coupes du monde ; premier Français désigné meilleur joueur du monde en 2002 ; vainqueur de trois Grands Chelems avec les Bleus ; champion de France avec le Stade Français en 2003, puis en 2007 en tant qu'entraîneur.

De son arrivée en 1975 dans la banlieue toulousaine

à ses années universitaires, qu'il qualifie de « rugby d'aristocrate », et ses premiers pas en équipe de France, retour sur l'ascension fulgurante d'un joueur au destin hors du commun. *

Je suis un déraciné. Mon enfance, c'est avant tout l'histoire d'un gamin obligé de quitter son village natal de Montgesty, dans le Lot. À l'époque, mes grands-parents paternels y possèdent une ferme familiale. Ils subissent de plein fouet la PAC[1] mise en place en Europe en 1962. Mon grand-père est maquignon. Doucement mais sûrement, il va tout perdre... Mon père, le fils aîné de la famille, décide de quitter la région avec ma mère. Direction Toulouse et sa banlieue, à 130 kilomètres au sud de Montgesty. Ils partent pour trouver du travail, avec le secret espoir de sauver ce qui peut encore l'être de l'exploitation de mes grands-parents.

Mon père sera technicien dans l'électronique. Ma mère travaillera dans une banque et deviendra progressivement directrice de son agence, une grande fierté pour elle qui est issue d'un milieu très modeste. C'est même une forme de consécration pour cette fille d'immigrés, l'aînée de sept enfants. Son père avait fui l'Espagne après la Seconde Guerre mondiale car, comme beaucoup d'opposants au pouvoir, il avait été

* Dans le texte, lorsque les passages sont en italique, c'est Matthieu Lartot qui s'exprime.

1. Politique agricole commune.

condamné à mort par Franco. Cet ancien boxeur de haut niveau abandonna alors sa vie dans la banlieue de Barcelone pour tenter sa chance en France. Une question de survie, tout simplement ! Après avoir franchi les Pyrénées-Orientales, il fut arrêté à Rivesaltes, sitôt la frontière française passée. Il s'échappa quelques mois plus tard et reprit sa route sur la nationale 20. Après être passé par Toulouse et Montauban, il s'installa finalement dans les faubourgs de Cahors et devint carrossier, un travail typiquement destiné aux immigrés à cette époque. J'admirais beaucoup mon grand-père maternel. À sa mort, en 1990, nous avons appris qu'il avait été sous-officier durant la guerre et qu'à ce titre, le gouvernement espagnol allait le décorer à titre posthume. Il n'en avait jamais parlé à personne. Ce destin incroyable a, en quelque sorte, permis à mes parents de se rencontrer plusieurs années plus tard... Et à leur tour, ils ont donc été contraints de quitter leur milieu d'origine pour faire face aux difficultés du moment.

C'est dans un petit pavillon de banlieue que nous allons finalement atterrir. Pour moi, c'est un déchirement ! J'étais attaché à cette campagne du Lot. J'aimais notre ferme, ses odeurs, la vie dans le village, les vendanges, les moissons, les étés heureux, le bois en plein hiver... J'aimais me lever à 5 heures du matin pour accompagner mon grand-père et mon oncle Francis dans les foires. Après avoir chargé les cochons dans le Berliet GLC, nous partions pour la journée dans les bourgs voisins, où les places étaient transformées en étables géantes. Ça gueulait, ça riait. J'adorais cet univers ! Après avoir cassé la croûte le midi, les négociations reprenaient. Ils se crachaient dans les mains et tapaient : « Vendu ! » Le soir, en rentrant, je me disais : Plus tard, je serai maquignon !

Cette période me marque profondément. Je la vis comme une rupture, une blessure profonde. Comme beaucoup de paysans, ma famille va faire faillite. Tout sera vendu aux enchères. Mes parents vont s'endetter pour sauver ce qu'ils peuvent, c'est-à-dire le corps de ferme et quelques terres afin que mes grands-parents puissent, au moins, rester vivre à Montgesty.

L'atterrissage à Toulouse est très difficile. Enfin, l'arrivée à Tournefeuille plus précisément. Je ne m'y sens pas bien. Heureusement, le rugby va atténuer quelque peu mon sentiment de déracinement. Ce sport va m'ancrer dans « un territoire » alors inconnu.

Nous sommes en 1977. Avec quelques copains, mon père crée l'école de rugby de Tournefeuille et m'y inscrit d'office. Je commence en poussin. Je crois que ça me plaît... Ce sont des souvenirs très vagues. J'ai 8 ans.

Mon père joue avec l'équipe première dans le championnat de quatrième série, le plus bas niveau. Tous les dimanches, nous allons assister aux matchs, avec ma mère et mon frère Patrice. Notre famille est unie. Nos relations sont empreintes de beaucoup d'amour et de pudeur. Ma mère est une femme dévouée, qui attache une grande importance à son foyer et à notre bien-être.

Le mercredi, mon père nous entraîne. Ce sont des moments privilégiés, où il fait à la fois figure d'autorité et de modèle pour le jeune garçon que je suis. L'école de rugby est une toute petite structure. Quand je revois les photos de cette époque, on est dix ou douze au maximum par équipe.

Comme tous les enfants qui ont joué au rugby, je me souviens des goûters, de la boue, du froid, des pieds qui piquent sous la douche et des copains : ce sont des souvenirs impérissables ! Dans le rugby, il y a toujours de la terre. C'est peut-être mon rapport à la terre qui m'a d'abord fait aimer ce sport. Et c'est sans doute pour cette même raison que je ne raffole pas des pelouses synthétiques, pourtant très à la mode aujourd'hui.

Je commence donc en poussin à Tournefeuille, et je vais y rester jusqu'en benjamin. Je n'ai alors pas d'autre choix que de partir, puisqu'il n'existe pas de section minime. Encore tout récent, le club n'est pas structuré comme ses puissants voisins !

Je choisis Colomiers. D'abord parce que c'est le club le plus proche de chez moi, ensuite parce que j'aime leur couleur bleu ciel. C'est tout bête. Lorsqu'on les affrontait avec Tournefeuille, j'avais également remarqué qu'ils jouaient très bien. Ils se faisaient beaucoup de passes, ce qui est plutôt rare quand on a 9 ou 10 ans. J'arrive donc en minime.

Lors de cette première saison au club, Fabien est entraîné par Jean-Claude Skrela. L'équipe des minimes de Colomiers terminera invaincue, en cette année 1979.

Mon apprentissage se poursuit, mais le déclic intervient en cadet. Là, je vais faire une rencontre déterminante dans ma vie. Quand on est joueur professionnel de rugby, on se souvient, bien plus tard au cours de sa carrière, de ses premiers éducateurs. Pour moi, c'est d'autant plus vrai que, vingt-cinq ans après, je retrouverai l'un d'entre eux à Montpellier. Ensemble, nous entraînerons et emmènerons le club jusqu'en finale du championnat en 2010, avant qu'il ne nous quitte... Cet homme, c'est Éric Béchu. Il va me façonner, me donner confiance, faire de moi un vrai joueur de rugby. Pour commencer, il me lance à la mêlée. Jusque-là, j'évoluais un peu partout derrière, dix, douze, quinze... Mais lui va déceler des qualités chez moi que personne n'avait encore remarquées.

À cette époque, Éric a 22 ans. C'est un grand gaillard qui joue numéro huit avec l'équipe première de Colomiers. Un perce-muraille, un vrai char d'assaut ! Sur et en dehors du terrain, il dégage un charisme incroyable. À la fois très chaleureux et pondéré, il est aussi capable de pousser de terribles coups de gueule ! C'est un très bon pédagogue et un fin psychologue. Un entraîneur entraînant ! Avec lui, je prends un plaisir immense et commence à me distinguer.

À côté de ça, je poursuis ma scolarité dans un collège de Toulouse, en promotion rugby. Durant cette période, ma pratique du rugby s'intensifie, entre les entraînements au club et à l'école. Mais je ne suis pas complètement épanoui. J'ai atterri dans cet établissement parce que je suis plutôt bon élève, mais je ne me sens pas vraiment dans mon élément. Je suis un adolescent timide, un peu renfermé. J'ai mis du temps à me faire des copains, mais j'en ai : ce sont mes potes du rugby, à Colomiers. En revanche, j'ai du mal à reproduire ce schéma au collège. J'ai toujours au plus profond de moi ce sentiment de déracinement. Cette blessure m'empêche parfois de me livrer, de donner aux autres. Éric va m'aider à travailler sur ce trait de mon caractère. C'est un homme qui aime ses joueurs, et il a une grande faculté à transmettre. Cet aspect de sa personnalité va beaucoup me servir. À son contact, je deviens meilleur. Tout simplement.

C'est le temps des premières sélections régionales. Je suis repéré au cours de stages de détection. L'idée de quitter mes copains de l'école de rugby pour jouer en sélection ne m'enchante guère. Lors d'un week-end, je suis convoqué en stage avec la sélection de Haute-Garonne : deux jours à Ramonville, à une dizaine de kilomètres du centre de Toulouse. Je n'ai pas trop envie d'y aller. À tel point que je ne dis rien à mes parents... Le vendredi soir, Éric passe me prendre à la maison et me conduit au rassemblement. Le lendemain, au moment du départ du bus pour rejoindre le terrain d'entraînement, ma mère débarque sur le parking, folle de rage. Je suis installé au fond avec quelques joueurs que je ne connais pas plus que ça, puisque nous venons tous de clubs différents. J'aperçois ma mère à travers la vitre. Son visage ne me dit rien qui vaille. Elle ordonne au chauffeur de lui ouvrir la porte, monte à bord, traverse le car et me colle une gifle terrible ! « La prochaine fois, tu nous préviendras ! » me dit-elle d'un ton sec. Grand moment de solitude... L'un des entraîneurs de la sélection de l'époque, Jean-Claude Baqué, me raconte encore souvent cette histoire. Il est aujourd'hui élu du bureau de la Fédération française de rugby. À chaque fois que je le croise, j'ai droit au couplet : « Ah ! Ta mère ! Elle t'en avait mis une bonne ! » Et il n'est pas le seul : certains joueurs de l'époque avec qui j'ai gardé contact me rappellent souvent cette anecdote. À la maison, le rugby était un sujet de discussion secondaire. Mes parents attachaient beaucoup d'importance aux études, moins au sport. Et le traitement était le même pour mon frère. Pour autant, j'aurais mieux fait de les prévenir de mon programme avec la sélection...

Finalement, le stage se passe bien. Je continue mon petit bonhomme de chemin. Je joue avec les cadets de Colomiers, souvent en lever de rideau de la première. Je me souviens notamment de ce match à Foix. Après la douche, on avait l'habitude de rester tous ensemble dans les tribunes pour regarder les « grands ». Chaque week-end, j'attendais avec impatience la composition de la première et je me disais systématiquement : Putain, j'aimerais bien jouer dans cette équipe ! En neuf, il y avait Joël Jutge, et je me voyais déjà à sa place. C'était un très bon demi de mêlée !

Par la suite, Joël Jutge est devenu l'un des tout meilleurs arbitres français. Il est aujourd'hui le patron des arbitres internationaux.

Parallèlement à cette envie de jouer en équipe première, je garde toujours dans un coin de ma tête cette idée que je dois assurer mes études, sans savoir encore ce que j'ai réellement envie de faire. Puis arrivent les années lycée. J'ai intégré celui de Pierre-de-Fermat, un établissement très exigeant, qui forme les élèves aux classes préparatoires. Cette période va énormément me servir pour la suite. Durant ces années, je vais devoir exister autrement qu'à travers le rugby. Ça va forger mon caractère.

J'ai 17 ans. C'est l'année de mon bac, et je commence à jouer quelques matchs en première à Colomiers. C'est le début d'une époque vraiment chouette. Petit à petit, je trouve une forme d'équilibre dans ma vie. Je touche du doigt un épanouissement personnel nouveau. Un dimanche, avec le bus de la première, nous nous arrêtons à la station-service de Tournefeuille pour faire le plein. Je me souviens très bien de ce jour-là. Je suis à l'arrière avec Nanard, un pilier de 34 ans qui est passé dans quasiment tous les clubs de la région. « Nanard le moustachu », c'était son surnom. À ses côtés, il y a Bernard Etcheverry, le numéro dix de l'époque, un sacré buteur. Un gars qui avait pas mal bourlingué aussi. Moi, j'étais le « puceau mobylette » au milieu de ces gars. On discutait et, à un moment donné, ils me disent :

« Et toi, petit, t'as quoi comme fixe ?

– Qu'est-ce que j'ai comme fixe ? Mais de quoi vous me parlez ?

– Bah, t'as bien un petit fixe, non ? »

À cet instant précis, j'ai compris pour la première fois de ma vie qu'en jouant au rugby, on pouvait gagner de l'argent. Je tombais des nues... Moi, j'étais prêt à payer pour jouer avec eux en première ! Ainsi, très vite, je me rends compte que, même si le rugby est amateur, chaque joueur touche un dédommagement, une sorte de complément à son travail. Il existe deux options. La première, et la plus courante à l'époque, c'est celle des mecs qui jouent de leur image de personnage important dans le village et qui capitalisent là-dessus en ouvrant des bistrots ou des restaurants, ou en trouvant un job à la mairie. La seconde option, celle que je vais choisir, ce sont les études. Mes parents aussi me poussent dans cette direction : la formation universitaire. Vont alors débuter les années dorées de mon existence, le début de l'indépendance. Je viens d'avoir mon bac. Le président de Colomiers, Michel Bendichou, me reçoit dans son bureau et me donne mon « petit fixe » : 3 000 francs. Je m'inscris à l'université Paul-Sabatier, à Toulouse, en DUT de gestion. Je suis autonome et peux désormais subvenir à mes besoins. Avec deux copains de classe – Philippe Castillan, numéro huit à Condom, et Éric Jamin, talonneur au Stade Toulousain –, on loue un appartement dans le centre-ville de Colomiers. Très vite, cet endroit va devenir une véritable auberge espagnole. Dominique Dal Pos, Mohamed Ménal et Frédéric Bécéra, mes partenaires à Colomiers, emménagent avec nous. C'est le temps des inséparables, le cercle des rugbymen disparus. Certains matins, après des soirées un peu arrosées, nous nous réveillons à dix avec nos conquêtes respectives.

À cette période, Colomiers est en Groupe B, et nous allons participer, dans les deux ans qui suivent, à la montée du club en première division. Toute une génération de joueurs s'apprête à marquer l'histoire de l'USC. Jean-Luc Sadourny, Stéphane Peysson, Dominique Dal Pos, Henri Nart, Bernard Etcheverry, Hervé Couffignal et bien d'autres. Nous nous apprêtons à vivre, tous ensemble, des années merveilleuses. Au club, je prends un plaisir immense et, à l'université, je vis des moments fantastiques. C'est une période de « croissance ». Nous nous développons dans la joie de pratiquer un sport comme le rugby et la liberté que cela procure. J'ai vraiment ressenti ça quand j'étais amateur. Le rugby était pour moi un sport qui collait bien aux études, un vrai sport universitaire, un sport de fête. Mes résultats aux examens et mon futur métier n'étaient pas liés à mes résultats sportifs. Pour comparer avec le système d'aujourd'hui, je n'envie pas les jeunes joueurs qui n'arrivent plus à mettre cette distance, à prendre en main leur destin. C'est évident, de nos jours, la professionnalisation a tout changé. C'est une autre époque. Les joueurs se sentent oppressés par les contrats, l'argent, leurs agents. Je ne les condamne pas en disant cela, mais nous, nous avons vécu autre chose. Nous jouions le jeudi avec l'université et le dimanche avec notre club. Certains étaient déjà en équipe de France. Et, parallèlement, on se préparait à devenir des gestionnaires, des professeurs, des commerciaux ou tout un tas d'autres métiers pour lesquels on se formait. Après chaque entraînement, chaque match, on sortait en ville faire la fête jusqu'à pas d'heure. Nous étions reconnus dans la vie de la cité. Il y avait une forme d'aristocratie peut-être prétentieuse, mais c'était très agréable de vivre ainsi. Le rugby permettait à chacun d'entre nous de se développer. Il m'a ouvert aux autres. Je me suis construit avec lui et à côté de lui.

Je me souviens qu'à l'université, il y avait un professeur un peu à part : Robert Bru. Toutes les semaines, nous avions entraînement avec lui. Ça durait une heure, une heure et demie. Mais, en réalité, ça n'était pas un simple entraînement. C'était un cours, une leçon. J'adorais ! Robert Bru nous dispensait sa leçon. Pour bien comprendre, il faut savoir que c'est lui qui a créé la « méthode » du jeu toulousain. Ce qu'on a appelé plus tard le jeu de mouvement, le jeu dans le sens, le soutien axial permanent, les passes après contact. Le fameux « jeu de main, jeu de Toulousain », c'est lui ! C'était sa méthode. Ce professeur a beaucoup influencé Pierre Villepreux et Jean-Claude Skrela. Et, par ricochet, Guy Novès.

Pendant mes années de fac, j'ai baigné là-dedans. L'organisation de la semaine était très simple : du lundi au jeudi, nous avions cours la journée, puis c'était le triptyque « rugby, bar, bringue » ! Le jeudi avait un goût particulier : c'étaient les fameuses soirées universitaires... À cette époque, toutes les écoles de la région étaient réunies pour des sortes de « Varsity Matchs », des Oxford-Cambridge à la française. On jouait derrière le Stadium de Toulouse sur le terrain du TUC (Toulouse Université Club). Un monde fou assistait à ces rencontres. Les meilleurs joueurs de la région étaient présents. Ainsi, dans les équipes de sciences sociales, de médecine, de science po..., on trouvait les joueurs de Colomiers, d'Agen, de Lourdes, de Graulhet, de Biarritz, du Stade Toulousain, de Villefranche-de-Lauragais... Laurent Mazas, Émile Ntamack, Rémi Trémoulet, Éric Jamin, Didier Lacroix... pour ne citer qu'eux. Quand j'y pense, il y avait déjà beaucoup d'internationaux en puissance. Tout le monde se croisait, se jouait.

Nous avions une très belle équipe, des joueurs doués dans toutes les lignes. Notre entraîneur, Fred

Artigot, devait nous recadrer avant chaque match. Il avait bien compris à qui il s'adressait : « Galthié, arrête de te chauffer, de faire le beau ! Mazas, tais-toi un peu ! Pompe à roulette, va ! On verra dans quelques minutes si tu fais le mariole sur le terrain... » Il savait comment nous prendre, nous canaliser. Ce genre de commentaire, la manière qu'il avait de nous parler, c'était sa marque de fabrique. Il en faisait souvent des caisses dans son briefing d'avant-match. À tel point que, parfois, nous n'avions même pas le temps de nous échauffer. On sortait des vestiaires pour le coup d'envoi. Inimaginable, aujourd'hui !

C'est également à cette époque que j'ai véritablement commencé à aimer Toulouse. J'ai découvert la culture rugby de cette ville lors des soirées du jeudi. Sept mille spectateurs à chaque fois pour des matchs universitaires, c'était incroyable ! Le soir, on sortait dans le quartier Saint-Pierre pour faire des bringues terribles ! Toujours avec un esprit bon enfant, mais à la limite du raisonnable. Nous nagions sur les comptoirs ou dansions nus dans les bars. Nous étions dans le monde, des acteurs du monde.

Avec Paul-Sabatier, j'ai été deux fois champion de France universitaire. Mais peu importent les titres, c'était avant tout une superbe aventure. À Colomiers, on vivait un peu dans l'ombre de Toulouse, qui régnait alors sur le rugby avec les Cigagna, Charvet, Miorin, Bonneval et compagnie. Ces matchs avaient l'avantage de nous mélanger. Finalement, on était tous de la même école, l'école du jeu à la toulousaine, la meilleure à la fin des années 1990. Pour autant, les Toulousains étaient un peu en marge de l'équipe de France à ce moment-là. Le XV de France était essentiellement composé d'Agenais, de Basques, de quelques Toulonnais et de gars du Languedoc-Roussillon. Mais, en définitive, très peu de Toulousains et encore moins de Columérins. Tout ça allait bien changer…

Ces années universitaires sont des années bénies. Un peu folles aussi. Un jour, en fin de saison, j'avais fait le compte : je venais de participer à soixante-douze matchs ! Quand on pense qu'aujourd'hui, on parle de doublons, de calendrier surchargé, que les internationaux jouent trop quand ils en disputent quarante. C'est certain, ce n'est plus le même sport, mais quand même ! Je jouais avec la première de Colomiers, l'université Paul-Sabatier, l'équipe de France universitaire, et je disputais aussi une compétition créée par Jacques Fouroux, une Coupe des Provinces appelée Trophée MAAF. Jacques avait sans doute pour ambition de se calquer sur le modèle de l'hémisphère Sud. Il était très en avance sur son temps puisque cette idée revient souvent dans les discussions actuelles sur l'évolution du rugby en France. En tout cas, cette Coupe des Provinces faisait office de laboratoire pour l'équipe de France. Elle permettait à Jacques Fouroux de constituer, peu avant Noël, son équipe pour le tournoi.

Je la dispute dans un premier temps avec les espoirs, les moins de 23 ans, puis avec les seniors.

En 1989, dans mon équipe Midi-Pyrénées, il y a Thierry Maset, le capitaine et troisième ligne, Denis Charvet au centre, Éric Bonneval à une aile, Émile Ntamack à l'autre et Jean-Luc Sadourny à l'arrière. Que du beau monde ! Je n'ai pas encore 20 ans. Je suis titulaire dans cette belle sélection, où figurent déjà des internationaux. En demi-finale, on bat le Languedoc-Roussillon, qui compte dans ses rangs une petite partie de l'équipe de France. En finale, on bat Côte Basque. Là, c'est du très lourd en face. Il y a Serge Blanco, Pascal Ondarts, Patrice Lagisquet, Jean Condom. La colonne vertébrale de l'équipe de France ! Le rugby commence à être télévisé. Canal+ retransmet la finale à Niort en 1989. D'un seul coup, avec cette victoire, on nous voit, on *me* voit ! Il faut bien comprendre qu'à l'époque, la première division compte 40 clubs ! Ça n'est donc pas facile de se faire une place au soleil avec les Bleus. Grâce à cette victoire dans le Trophée MAAF, Jacques Fouroux me convoque pour le stage de l'équipe de France. Il a rassemblé à Nîmes un groupe de quarante-cinq joueurs pour préparer le tournoi de 1990. Aujourd'hui, j'ai la chance de pouvoir dire qu'un jour, au cours de ma carrière, j'ai croisé le « Petit Caporal » ! Ce stage m'a vraiment impressionné parce que j'étais minot. Autour de moi, il n'y avait que des pointures, des cadors, des mecs impressionnants. Et puis, Fouroux, c'était quelque chose ! Il était très tactile, très proche des joueurs. Je garde en mémoire cette manie qu'il avait de serrer les cuisses des gros, des premières lignes : « Ça, c'est du solide ! » répétait-il à l'envi. Ce fut une expérience courte mais enrichissante. Après trois jours, je ne suis finalement pas retenu dans le groupe. Le taulier de l'époque à la mêlée, c'est Pierre Berbizier et son second Henri Sanz. Mais bon, je suis là, j'ai mis un orteil chez les Bleus... presque par hasard !

À la fin de l'année 1990, une autre rencontre va m'aider à retrouver l'équipe de France. Ça n'existe plus aujourd'hui mais, de mon temps, les équipes internationales venaient en tournée en Europe et restaient six semaines. L'Afrique du Sud, l'Australie, la Nouvelle-Zélande..., toutes les grandes nations du rugby mondial ! Ce qui faisait la particularité de ces tournées, c'est que ces équipes affrontaient des sélections régionales le mercredi.

Nous sommes en novembre 1990. Match au Stadium de Toulouse. *The Big Match* pour nous ! On joue l'Australie, le stade est plein. Chez les Wallabies, il y a Nick Farr-Jones, David Campese, Michael Lynagh, les grandes stars de l'époque. J'ai des flashs de ce match. Un petit côté bien négocié. Je sers David Berty et on marque. On les accroche. On les bouscule même pendant une grosse partie du match. Mais on perd. Quelques mois plus tard, ils battront l'Angleterre en finale de la Coupe du monde 1991.

1991, c'est une année très spéciale au cours de ma carrière. Jacques Fouroux a démissionné en août 1990 après un match perdu contre la Roumanie à Auch. Daniel Dubroca lui a succédé. Le Tournoi des Cinq Nations se déroule plutôt bien pour l'équipe de France, qui remporte ses trois premiers matchs mais perd le dernier de deux points à Twickenham. En interne, en revanche, les tensions montent. Je ne sais pas encore exactement quel genre de problèmes, mais ils existent. Après le tournoi, Daniel Dubroca décide d'ouvrir le groupe et me sélectionne pour un match en Roumanie. Nous sommes le 22 juin 1991, j'ai 22 ans. Le régime communiste de Nicolae Ceausescu vient tout juste d'être violemment renversé. Nous nous installons dans un hôtel, une sorte d'ancien palais présidentiel. Aujourd'hui encore, je visualise très bien les impacts de balle sur la façade de cet immeuble, les immenses couloirs, vides. Il n'y a plus de mobilier. Nous avons à peine de quoi nous nourrir pendant les trois jours qui précèdent la rencontre. Ça m'est rarement arrivé de ne pas manger à ma faim en équipe de France. Avec le recul, c'était un drôle de contexte pour une première. Le traquenard idéal !

Je suis donc titulaire au Dynamo Stadium de Bucarest. Je forme la charnière avec Didier Camberabero. Il y a Éric Champ, Marc Cécillon, Serge Blanco, Philippe Sella et Franck Mesnel dans le quinze de départ. Des stars. Des mecs qui ont failli gagner la première Coupe du monde en 1987. En 1991, le rugby roumain est en plein développement. Et il ne fait jamais bon aller jouer un match là-bas. D'ailleurs, on réalise une première mi-temps moyenne, très moyenne. Moi le premier. 18-18 à la pause. Une remontée de bretelles plus tard, on gagne 33-21. Ma première victoire avec les Bleus.

Je me souviens très bien du retour à Toulouse. Mon professeur principal à l'université Paul-Sabatier, Jean Minville, adorait le rugby. Il suivait toujours de très près ses étudiants qui réussissaient dans le sport. Il avait découpé un article du *Midi Olympique* qui relatait le match. On pouvait y voir une photo de l'équipe où j'apparaissais, mais il fallait prendre une loupe ! Il l'a collée dans la salle de vie où les étudiants avaient l'habitude de se réunir entre les cours. Car, oui, j'étais encore à l'université. Mais mon statut changeait d'un seul coup. J'étais à présent un joueur de la grande équipe de France, un autre homme, transformé par mes années universitaires, les sélections avec Midi-Pyrénées et mon club de Colomiers.

En regardant un peu dans le rétro, je me rends compte soudain qu'Éric Béchu m'a appris à m'ouvrir aux autres, m'a façonné en tant que demi de mêlée. Robert Bru, lui, m'a fait progresser dans la perception du jeu. José Osès, mon entraîneur en senior, a réussi à me couver, à me protéger en ne me faisant disputer que les matchs à la maison, au stade Selery, à la demande de ma mère qui ne souhaitait pas que j'effectue les déplacements quand j'étais encore mineur. Dorénavant, je ne suis plus l'enfant déraciné, arrivé à Tournefeuille en 1975 sur le porte-bagages de ses parents. Je suis un jeune adulte heureux. À Colomiers notamment, où je joue avec mes potes de toujours. Ce club occupe une place très importante dans ma vie. J'y suis resté vingt ans... Ce n'est pas rien vingt ans ! Aujourd'hui, quel joueur peut dire qu'il a quasiment passé toute sa carrière dans un seul club ? Pas des masses ! J'ai joué pendant dix-neuf ans avec le même numéro huit, Stéphane Peysson. De 12 à 31 ans ! Je connaissais ses guibolles par cœur ! J'ai joué onze ans avec Jean-Luc Sadourny. J'ai aussi joué quelques matchs avec mon petit frère Patrice et connu du même coup ce lien invisible, cette connexion naturelle qu'ont dû éprouver les frères Boniface ou Camberabero. Je suis vraiment fier de tout ça.

Bref, mon aventure avec les Bleus est lancée. En août 1991, je découvre le fameux château Ricard, lieu de résidence du XV de France, à Clairefontaine. J'ai beaucoup entendu parler de cet endroit, mais à l'époque, il y a encore peu d'images, peu de reportages sur l'équipe de France et sa préparation. Les propriétaires du lieu – la famille Ricard donc – sont des amoureux de rugby et ont décidé de mettre leur château à la disposition de la fédération. En arrivant sur place, j'ai le sentiment d'être transporté dans une bande dessinée d'Hergé, les aventures de Tintin. En effet, cet endroit me fait penser au château de Moulinsart, une sorte de grosse maison bourgeoise avec une grande allée, un terrain de rugby posé là. Il y a un côté très bucolique qui me plaît immédiatement.

J'ai l'impression de partir en vacances alors que je suis venu pour préparer une Coupe du monde.

Au rez-de-chaussée, à droite, une grande pièce fait office de salle de vie, avec une grande table de vingt couverts où les joueurs prennent leurs repas. D'autres, plus petites, sont réservées aux entraîneurs et, parfois, au président de la fédération. Il y a aussi une imposante cheminée, avec des animaux empaillés un peu partout. Les têtes de cerf accrochées aux murs rappellent que ce château est un ancien relais de chasse. La pièce symétrique à la salle de restauration sert à peu près à tout : on y regarde la télé, on y assiste aux séances vidéo. C'est aussi dans cette salle que les kinés manipulent les joueurs ! Coincé au milieu, un bar est le théâtre de parties de cartes souvent interminables. Des journalistes viennent également y boire des coups car, en 1991, rares sont ceux qui suivent l'équipe de France, une petite dizaine tout au plus qui vivent quasiment avec nous. Derrière ces murs et cette quiétude apparente, l'ambiance est en réalité beaucoup plus tendue. Une impression que je ressentirai quasiment avant chaque Coupe du monde.

À cette époque, le rugby étant amateur, chaque joueur doit poser un congé sans solde pour rejoindre l'équipe de France. Évidemment, Fabien n'est pas encore concerné puisqu'il est toujours étudiant. Mais il assiste à des discussions très houleuses entre des joueurs cadres de l'équipe, sorte de délégués du personnel, et des membres de la fédération. En réalité, il n'est pas du tout dans Le Secret de la Licorne, *mais plutôt dans le château de la discorde ! Il est question d'indemnités pour les joueurs convoqués. La fédération leur donne 150 francs par jour, mais la majorité des coéquipiers de Fabien estime que cette somme est inférieure au salaire habituel. Ça commence bien !*

Très vite, je me rends compte qu'il existe une forme de scission au sein du groupe, entre les « traditionnels », les « modernes » et ceux qui, comme moi, débarquent un peu en bleu. D'un côté, il y a les historiques, les Basques notamment, et de l'autre quelques joueurs du Racing accompagnés des « Rapetous », c'est-à-dire la première ligne championne de France avec Bègles-Bordeaux : Gimbert, Moscato, Simon. Les entraîneurs eux-mêmes incarnent deux courants différents : Daniel Dubroca pour les avants, fidèle à une certaine tradition, et Jean Trillo pour les arrières, plus sensible aux idées nouvelles et ambassadeur d'une forme de modernité. Le groupe de joueurs est à l'image de ses entraîneurs en quelque sorte.

Le point critique est atteint trois jours avant le quart de finale contre les Anglais. Nous sommes dans la salle télé du château. Annonce de l'équipe, du quinze titulaire. Daniel Dubroca égrène les noms et commence naturellement par la première ligne : « Numéro un Lascubé, numéro deux Marocco, numéro trois Gimbert… » Malaise au fond de la salle.

Philippe Gimbert, qui n'a pas joué un match de la Coupe du monde, lâche le bouquin qu'il est en train de lire peinard sur sa chaise. La surprise est de taille ! Je sens dans mon dos Pascal Ondarts ruminer. C'est le taulier du poste et il n'a jamais été sur le banc depuis le début de la compétition. Daniel Dubroca enchaîne et donne le nom des remplaçants : « Numéro dix-sept Gimbert ». La salle gronde. Personne ne comprend ce qui se passe. Ondarts, furieux : « C'est quoi ce bordel ! Gimbert ne peut pas être sur le banc puisqu'il est titulaire à ma place ! » Dubroca, gêné : « Pardon, c'est une erreur de ma part. Pascal, tu es bien titulaire et, Philippe, tu es sur le banc. » Jean Trillo intervient : « Mais enfin, Daniel, tu ne peux pas faire ce genre de chose ! Tu te rends compte un peu ! Tu annonces à l'un qu'il va jouer alors que tout le monde sait que Pascal est le titulaire. Tu nous fais chier avec tes conneries ! » L'instant est surréaliste. La confusion, totale. À l'image de cette Coupe du monde. Ce jour m'a profondément marqué et, depuis que j'entraîne, je n'ai jamais donné de tête une composition d'équipe à mes joueurs. Je couche toujours sur une feuille mes titulaires et mes remplaçants. J'ai trop peur de me tromper et de revivre ce type de loupé.

Après ce raté monumental, l'ambiance est pesante jusqu'au jour du match. Le samedi 19 octobre 1991, nous montons dans le bus et prenons la route pour Paris et le Parc des Princes. Je m'en souviens comme si c'était hier. L'atmosphère est lourde. Je passe par tous les états. Je suis à la fois excité par le match, anxieux car l'enjeu est énorme et très impatient car, pour la première fois de ma carrière, je vais jouer dans cette enceinte mythique. Jusque-là, j'étais plutôt habitué à des petits stades de six ou sept mille spectateurs.

Après avoir pris la N118, nous arrivons par la route de la Reine à Boulogne-Billancourt. J'aperçois enfin ce stade qui a bercé mon enfance au rythme des grandes heures du rugby français. Le match commence. Je joue sans pression et j'essaie de profiter du moment présent. Je suis un junior en quelque sorte dans cette équipe. J'ai 22 ans, je n'ai rien à perdre ! Je suis ultra-motivé mais, très vite, je constate que nous ne jouons pas bien. Les Anglais dominent, mènent 10 à 6 à la mi-temps. Ils ont mis en place un plan anti-Blanco qui nous déstabilise. La cohésion du groupe n'est pas évidente, même si le traitement de faveur réservé à Serge nous resserre. Nous revenons à hauteur en début de seconde mi-temps, mais les plus forts gagnent ce jour-là. C'est un échec cuisant. Défaite 19-10... Nous sommes éliminés par notre meilleur ennemi dans notre jardin ! Fin de l'aventure.

Je rejoins aussitôt mon club et, le samedi suivant, je joue à Valence-d'Agen devant cinq cents spectateurs à tout casser. Je me rends compte alors du décalage gigantesque entre le rugby international et notre championnat domestique. Je prends conscience que le rugby est en train de changer et que, dans les années à venir, avec les Coupes du monde et le Tournoi des

Cinq Nations, ce sport prendra une nouvelle dimension. Mais surtout, je comprends que l'équipe de France est une chose rare et très précieuse.

2

Le nez à la fenêtre

> « Je suis le maître de mon destin, le capitaine de mon âme. »
>
> William Ernest Henley

1995 est une année charnière pour Fabien Galthié. Cela fait dix-neuf ans qu'il joue au rugby, un sport encore amateur. Fabien évolue à Colomiers, son club formateur. Il joue également avec l'équipe de l'université Paul-Sabatier, à Toulouse. Il compte déjà quinze sélections avec l'équipe de France et vient de manquer la tournée historique de 1994 en Nouvelle-Zélande.

À l'aube d'une nouvelle Coupe du monde, alors que sa carrière est lancée, il décide de partir sur un coup de tête. Direction l'Afrique du Sud. « Une carrière est rarement linéaire », se plaît-il à dire. Cette expérience va en effet marquer un tournant. Dans sa vie d'homme et de joueur de rugby.

Avril 1995

Je sais qu'il n'y a rien de rationnel à partir comme ça. Je suis étudiant, installé dans mon club, le rugby est amateur et l'avenir est incertain. Mais la décision que je prends est instinctive, impulsive. Parfois, tu as des envies et il faut les suivre. Et en ce mois d'avril, j'ai besoin d'autonomie, de découverte. Je sens que je m'enferme peu à peu dans une routine.

La vie de groupe est très importante en club et en équipe nationale. J'aime ce côté socialisant qu'offre la vie d'une équipe au quotidien. Mais il faut aussi se construire en marge du groupe sinon, au bout d'un moment, tout manque de relief, d'épaisseur. Partir, c'est pour moi une manière de me nourrir. Et puis les tournées avec l'équipe de France me frustrent. L'image du joueur qui a le nez à la fenêtre me fatigue. Tu vas à l'entraînement, tu regardes. Tu vas à l'hôtel, tu regardes. Tu vas au match, tu regardes. J'ai envie de casser la fenêtre, envie de descendre du bus. Je sais que le rugby est un passeport extraordinaire pour la vie. Je vais m'en servir et, surtout, je vais conserver cette philosophie tout au long de ma carrière.

Quand on est joueur de rugby, on part en tournée principalement chez les quatre grandes nations : l'Argentine, l'Australie, la Nouvelle-Zélande et l'Afrique du Sud. Il y a aussi le Canada, les États-Unis et un peu, à mon époque, les îles du Pacifique (Fidji, Samoa, Tonga). Mais l'essentiel se déroule dans ces quatre grands pays de l'hémisphère Sud. Des pays qui se ressemblent, des pays neufs.

Personnellement, c'est l'Afrique du Sud qui m'attire. Peut-être parce que c'est la fin de l'apartheid et que Nelson Mandela irradie. Ce qui est certain, c'est que je ressens le besoin de savoir comment vit cette nation. Est-ce parce que j'y retrouverai nos descendants ? Les huguenots, arrivés en 1688 pour planter des vignes au nord du Cap. Les Leroux, de Villiers, Pienaar, du Plessis... Des noms à consonance française. Je pense que ça joue. Je veux découvrir ça.

J'y vais aussi parce qu'un copain de fac, Gilles Daguerre, a un contact sur place. Gilles est le frère de Beñat, l'un de mes très bons amis qui joue à Biarritz. Il revient d'un voyage en Afrique du Sud pour son doctorat d'économie et nous pousse à tenter l'aventure. Alors, avec Beñat, on décide de partir. Je vais ouvrir la voie.

Je sens aussi que c'est le bon moment pour tenter cette aventure. Je suis au club de Colomiers depuis l'âge de 10 ans, un club familial. À cette époque, on ne se voyait pas aller jouer ailleurs. Changer de club, ça n'arrivait quasiment jamais. Mais moi, j'en ressens le besoin. Ce n'est pas définitif, mais j'ai envie de couper avec cet environnement, envie d'autre chose. Ma décision est prise et je décide d'en avertir mon président.

Michel Bendichou est en réalité bien plus que ça. C'est notre deuxième père à tous. Cet ancien talonneur, arrivé dans les années 1974-1975 alors que le

Pourtant, nous, les Français, nous ne sommes pas des voyageurs et je m'en rends compte rapidement ! En arrivant, je croise immédiatement des Anglais, des Néo-Zélandais, des Écossais, des jeunes qui font leur vie, qui voyagent... Mais aucun Français à l'horizon. L'un des coachs me lance : « OK, tu viens t'entraîner demain et tu joueras avec l'équipe trois. Samedi, y a match ! » Pas besoin de licence, de contrat. On se tape dans la main et feu ! Mais le match est finalement annulé. Et la semaine suivante, c'est le début des vacances... Ça ne se déroule pas vraiment comme je l'avais prévu !

Il ne se passe pas grand-chose mais, malgré tout, je prends du plaisir à m'entraîner. Deux fois par semaine, en soirée, je me rends sur place, sur cette grande aire de jeu. Une plaine avec trois terrains face à la mer. Un lieu incroyable ! Au loin, on peut apercevoir Robben Island, où Nelson Mandela a été emprisonné pendant dix-huit ans. Dans ce décor champêtre, au milieu de ces trois terrains, une minuscule tribune est posée comme un cèpe au milieu de la forêt. Il y a aussi un club-house et des petits vestiaires. Un club très anglo-saxon en somme. Le cadre est certes magnifique, mais trois semaines passent et je n'ai toujours pas disputé le moindre match.

Cette période est difficile à vivre. Je suis venu pour jouer, pour m'amuser. À défaut, je me réfugie dans l'écriture. J'entame une relation épistolaire avec ma fiancée et future épouse, restée en France. Écrire à l'autre et attendre sa réponse : il y a un côté très enivrant dans ce genre de correspondance qui peut paraître désuet aujourd'hui, à l'heure du 2.0, où l'espace-temps est réduit quasiment à zéro ! Pourtant, ces échanges avaient plus de charme et véhiculaient plus de sens qu'un simple SMS.

Un soir, après avoir rédigé une énième lettre à ma chère et tendre, je sors dans un bar du coin et croise, par hasard, Richard Pool-Jones. Je le connais pour avoir joué avec lui et les Barbarians français un an plus tôt au stade Charléty, à Paris. On s'était croisés également dans des soirées étudiantes à Toulouse, où il avait vécu quelques mois.

Il me dit :

« Qu'est-ce que tu fous là ?

– Bah, je voyage…

– Moi aussi. J'ai fait Durban-Le Cap à vélo car j'ai des problèmes de genou, au tendon rotulien. On m'a conseillé de faire du vélo et me voilà ! Je viens d'arriver et j'ai même trouvé un club pour me refaire. Viens avec moi ! Tu vas voir, c'est super sympa. On est entraînés par un mec qui s'appelle Nick Mallett. Il était entraîneur à Saint-Claude et à l'ACBB. Il parle parfaitement le français et connaît bien la France. Viens, on va s'amuser ! »

Je ne réfléchis pas longtemps. Je suis venu pour jouer et prendre du plaisir, et je fais confiance à Richard pour m'aider à m'intégrer. Je décide donc de quitter Hamilton pour le club de False Bay, à l'est du Cap. Nick

Mallett est là pour m'accueillir : « Salut Galthié ! Je te connais. Je sais que tu jouais à Colomiers. On a besoin d'un demi de mêlée, ça tombe bien ! Tu vas jouer avec la une. » Je commence les entraînements. Ça se passe bien. Tout est nouveau, tout est beau. Je m'intègre vite. Je fais trois ou quatre entraînements et je rencontre des gens. Parmi eux, Robert van der Valk, qui deviendra un ami intime. À l'époque, il est manager du club. À 42 ans, c'est un gars passionné de rugby. Il est aussi à la tête d'une importante société de cosmétiques qui commence à cartonner dans le monde entier.

Au club, tous les mardis, il y a un rituel. Robert nous file une pommade. Chaque joueur se l'applique sur le corps. Une semaine après, l'un de ses copains chimistes vient nous voir pour étudier comment notre peau réagit. En réalité, nous sommes ses cobayes ! Robert a fait fortune avec ces produits avant de tout vendre en 2000. Il a aussi fait partie du staff des Springboks quand Nick Mallett en était le manager, entre 1997 et 2000. C'est ça les voyages, les rencontres... Avec lui, je me suis trouvé un nouvel ami. Plus tard, je le retrouverai avec Nick au Stade Français... puis plusieurs fois au cours de ma carrière.

Avec False Bay, je fais vraiment des bons matchs. Le dimanche, c'est journée continue. Chaque club compte environ cinq ou six équipes. Je joue en première. De 8 à 16 heures, les équipes réserves s'affrontent. Il y a deux à trois mille personnes autour du terrain. Tout le monde attend le coup d'envoi du match de l'équipe fanion. Ça me rappelle un peu mes jeudis universitaires à Toulouse. Ma formation est composée de bons joueurs, certains évoluent pour la Western Province. En troisième ligne, il y a Richard bien sûr, ainsi que Harold Karele, mon numéro huit, qui évoluera plus tard à Toulon, Tarbes et Aurillac. Lors de ces matchs, de nombreux superviseurs observent avec attention la performance des uns et des autres. C'est comme ça que la Western Province me repère et me sélectionne. Le lendemain, un article avec une photo de moi paraît dans le journal local et relate mon histoire. J'attrape une paire de ciseaux, le découpe et l'envoie à mon président, Michel Bendichou, avec ce petit mot : « *Tout se passe bien. Merci de m'avoir donné la chance de vivre cette expérience incroyable.* »

À l'époque, le Super Rugby n'existe pas, mais il y a déjà la Currie Cup. Je suis sélectionné dans cette formation et, surtout, je deviens très vite titulaire. Moi, le *Frenchy*, je me retrouve dans le bus de la Western Province à sillonner les routes d'Afrique du Sud. Je dois me pincer pour y croire ! On joue dans des stades de quarante mille places. Je découvre une autre culture, un autre mode de vie, un nouveau rugby. J'évolue avec Tiaan Strauss, le capitaine, qui totalisera quinze sélections avec les Springboks, Pieter Rossouw, l'arrière (42 sélections), et Toks van der Linde, entre autres. On est en 1995, et la couverture médiatique n'est pas la même qu'aujourd'hui. Les matchs ne sont pas tous télévisés. Surtout pas en France.

Un jour, en revenant d'une rencontre préparatoire à la Currie Cup, où nous avions joué sur les plateaux de Bloemfontein, je ressens l'envie de partager ce moment. Je n'ai pas de téléphone portable. Je demande à un joueur sud-africain de me prêter le sien. J'appelle mon frère, mon père et Francis, mon oncle et parrain. À chaque fois, ça ne dure pas longtemps, mais je leur dis : « Écoutez, je vous écrirai, mais je suis en train de vivre un truc de fou ! »

Pendant toute cette période, j'habite à Camps Bay. Au début, je vis en colocation avec deux joueurs néo-zélandais qui font un tour du monde. Nous logeons dans une petite maison en bois, dans un virage qui descend vers la plage. L'endroit est paradisiaque. Certains jours, on peut apercevoir des baleines. J'y reste un mois puis, quand je quitte le club de Sea Point pour False Bay, je dois me résoudre à laisser tomber mes compagnons de chambrée. Robert, le manager de False Bay, me propose alors gentiment d'habiter dans une partie de sa propriété, dans le quartier de Newlands, la banlieue chic et aisée du Cap. Lui part trois semaines à Johannesburg pour un voyage d'affaires. Je me souviens qu'il était tellement fou de rugby qu'il avait aménagé une pièce avec des télés partout. Il pouvait regarder douze matchs en même temps !

Je profite de son voyage pour trouver un appartement : un petit trois-pièces sans prétention mais confortable en bord de plage. J'opte toujours pour Camps Bay, au pied de Table Mountain. Je suis bien.

Beñat débarque à ce moment-là. Il était en Afrique du Sud depuis un bon mois mais, lui, jouait à Bellville, dans un club d'Afrikaners, à environ 20 kilomètres du Cap. On n'était pas loin, mais on vivait jusque-là notre aventure chacun de notre côté. Il allait désormais jouer avec moi à False Bay.

C'est une période d'insouciance totale. Je ne me projette sur rien. Je vis au jour le jour. Quand je joue avec la Western Province, je prends une petite enveloppe. Du cash. Si tu joues bien, que tu es nominé dans les trois meilleurs joueurs du match, alors tu touches une prime. Suffisante pour bien vivre. L'argent n'est pas un objectif mais, avec ces « bonus », je peux dire que ce voyage ne m'a rien coûté. Je suis aussi venu pour améliorer mon anglais. Je m'inscris donc à l'UCT, University of Cap Town. Je décide de suivre un module de sociologie. J'ai deux ou trois cours par semaine. En fait, je vais autant en cours qu'à la découverte du pays. Je m'intègre en douceur. Le midi, je mange avec les mecs de la fac ; le soir, je fais la fête avec eux et tisse ainsi des liens en dehors du club. On m'aide beaucoup, et j'ai enfin l'impression de ne pas rester le nez à la fenêtre. Je suis en prise directe avec le monde réel. Au passage, et même si certains auront du mal à le croire aujourd'hui, je parle très vite couramment l'anglais.

Ça fait presque deux mois que je suis parti. Je suis bien dans mes pompes et, surtout, je joue bien. En tant qu'homme, c'est une évolution et, en tant que rugbyman, c'est une révolution. D'un seul coup, je sors du rugby que j'ai appris jusque-là. Je découvre une autre pratique. Je me transforme. Dans la perception, dans l'engagement, dans la vitesse. Ce n'est pas un rugby de latin. Je ne savais pas qu'on pouvait jouer au rugby comme ça. Je n'étais pas un bon défenseur; je le deviens. Je n'avais pas un jeu direct; je commence à le maîtriser. Tout cela modifie de fond en comble ma perception de ce sport, ma façon d'appréhender sa pratique. Je joue mon premier match officiel avec la Western Province à Potchefstroom, dans le cadre de la Currie Cup. Tout se passe bien. On gagne, mais la rencontre est âpre, l'intensité des chocs me laisse perplexe. C'est un tout autre rugby, beaucoup plus dense physiquement. L'engagement est total, à la limite de la violence. Les mecs sont durs, rugueux, vraiment solides...

Pour la première fois de ma carrière, et la seule fois d'ailleurs, je pense avoir été confronté au dopage. Avec le recul, je crois que les joueurs étaient dopés à leur insu. Je me souviens de cette scène : nous sommes à l'hôtel à trois heures du match. On vient de faire la sieste. Je partage une chambre avec Frederick Christiaan Smit, un joueur passé en France à Aurillac. Bon joueur mais sans plus. Le genre de gars qui ne t'impressionne pas trop aux entraînements mais qui se transforme en animal en plein match! Bref, on vient de se réveiller et le doc tape à la porte. Il crie : « Vitamines, vitamines ! » Il entre dans la chambre, Smit s'allonge à plat ventre sur le lit, et le doc lui fait une piqûre dans les fesses. Il me propose la même chose, je refuse. Et puis je ne me pose pas plus de questions que ça. Quand tu es joueur, vitamines, ça veut dire vitamines et pas dopage ! Donner des boissons vitaminées, des compléments alimentaires, ce sont des choses banales dans le sport, dans le rugby. Mais, aujourd'hui, avec un peu plus de distance, je trouve ça quand même bizarre...

En repensant à ces joueurs « sud-af », champions du monde en 1995, des types de ma génération, je me pose quelques questions. D'autant que beaucoup d'entre eux sont très malades. Joost van der Westhuizen, par exemple, qui était un immense numéro neuf, très physique, un joueur que j'adorais. Il est en chaise roulante aujourd'hui ! À 42 ans, il ne peut quasiment plus parler, il est sur son lit de mort ! Certains de ces joueurs souffrent de maladies avec des dégénérescences de la moelle épinière, c'est curieux...

Je fais le lien aussi avec le match perdu en 1997 lors de la dernière rencontre au Parc des Princes contre les Sud-Africains. Ce jour-là, ils sont plus puissants, plus forts. Ils font tout plus vite que nous. On n'est pas invités ! On prend une raclée, 52-10. Après le match, le médecin de l'équipe de France m'a dit que, dans leur équipe, quatorze joueurs avaient des autorisations de traitement pour l'asthme. Ils étaient tous sous Ventoline ! Alors certes, on s'était fait laminer, mais par une équipe sous traitement !

Cette période trouble du rugby sud-africain s'explique par différents facteurs. Le principal réside sans doute dans l'attente que les Springboks suscitaient à travers le pays. Ils devaient remporter leur Coupe du monde, peut-être à tout prix... Ces joueurs étaient l'emblème de la « nation arc-en-ciel ». Je me souviens être allé avec eux dans les townships. Il fallait voir le travail ! C'était du délire ! On arrivait dans le bus de la Western Province escortés par la police, puis on entrait dans ces quartiers sous-équipés. Je n'ai jamais vu une telle misère ailleurs. On venait avec des dizaines de ballons, des tenues de match, des chaussures à crampons dans de grands sacs et on ressortait en short ! C'est bien simple, on laissait tout sur place. C'était ça aussi la mission des joueurs sud-africains : offrir du rêve et de l'espoir à toute une population !

Aujourd'hui encore, je ne sais pas combien de matchs j'ai joué exactement avec la Western Province. Ça paraît presque inconcevable parce que, désormais, nous sommes dans l'ère des statistiques, du palmarès, des petites étoiles sur le maillot... Mais j'étais parti là-bas pour autre chose. Pour vivre un autre rugby. Et peu importait le résultat final.

Quoi qu'il en soit, parallèlement à mon expérience, la Coupe du monde vient de débuter. Je ne fais pas partie des plans de Pierre Berbizier. Il me l'a clairement annoncé après la tournée des Bleus en Nouvelle-Zélande, en 1994. Bref, je ne suis pas dans les petits papiers ! Il a sans doute raison. Je ne sais pas... Malgré tout, j'ai de bons rapports avec lui. Mais il préfère prendre Guy Accoceberry et Aubin Hueber. Et puis

Accoceberry se casse le bras lors du dernier match de poule contre l'Écosse. Ce jour-là, je joue du côté de Pretoria. Je pense d'ailleurs que Pierre Berbizier sait que je suis en Afrique du Sud, que je joue pour la Western Province. Il me convoque. Je me dis : J'y vais ? J'y vais pas ? Je suis évidemment vexé de ne pas avoir été choisi dès le départ. Franchement, je n'ai pas envie d'y aller. Ma première réaction, c'est ça ! Je suis bien dans mon aventure. Je vis à l'ombre d'un événement très éclairé, la Coupe du monde, et cette situation me convient. Beñat, mon ami, mon compagnon de route, me conseille : « Sois égoïste ! Fais-le pour toi ! Tu dois y aller. Tu as déjà participé à une Coupe du monde, ce sera ta deuxième. C'est génial ! » J'appelle mon oncle Francis, mon père, mon frère. Je prends la température. Et finalement, tous mes proches m'apportent le recul nécessaire et me font passer le même message : « Vas-y ! »

Alors j'y vais. Mais avec de la colère. Je vois aujourd'hui des joueurs, et j'en ai vu aussi par le passé, revenir comme des « toutous » parce qu'ils font carrière. Mais moi, j'y retourne avec distance et colère. Et c'est peut-être ce qui va faire ma force. A priori, je ne devrais pas jouer. Je dois être numéro deux, derrière Hueber.

J'intègre le groupe sans pression. On ne voulait pas de moi pour cette Coupe du monde, et on me rappelle. Donc, franchement, qu'est-ce que j'ai à perdre ? Le lundi, je m'entraîne. Je sens une équipe bien préparée physiquement mais, comme j'ai joué pas mal de matchs avec False Bay et la Western Province, je n'ai pas de problème de rythme non plus. À la fin de la première journée, en guise de bizutage, on me rase la tête. Tous les joueurs étaient passés à la tondeuse peu avant, une manière un peu décalée d'aborder les phases finales avec l'esprit commando.

On prépare le quart de finale contre l'Irlande. Je suis remplaçant. Hueber joue tout le match. La France se qualifie pour la demi-finale. Je vis cette deuxième semaine de préparation comme la précédente : avec zéro pression ! Je partage ma chambre avec Jean-Luc Sadourny, mon copain et partenaire à Colomiers. Un type adorable, qui ne se plaint jamais. C'est important d'avoir un bon compagnon de chambre en équipe de France. Mais la veille de la demi-finale, étrangement, il n'arrête pas de râler. Il me dit que sa cheville lui fait mal, que ce genre de douleur se réveille quand le temps est très humide. Or, jusqu'à présent, l'équipe de France n'a pas joué sous la pluie au cours de cette Coupe du monde. Quand on y pense, ce petit moment de vie dans cette chambre avec Jean-Luc, c'était un instant prémonitoire...

Le lendemain, je suis titulaire à Durban pour affronter l'Afrique du Sud, ce pays où je vis maintenant depuis trois mois. C'est un match particulier pour moi qui ne devais même pas figurer sur la feuille ! Évidemment, je garde en mémoire ces quatre heures passées dans le vestiaire du Kings Park.

Dehors, c'est le déluge. Il tombe des hallebardes. Et dans les entrailles du stade, on est tous là, joueurs, entraîneurs, staff médical... On attend. On boit du thé, des litres de thé ! On se fait masser. Sur le terrain, des balayeurs, tous noirs, essaient d'évacuer les litres et les litres d'eau qui sont tombés sur la pelouse.

Ce match n'aurait pas dû se jouer. Mais il ne pouvait pas être repoussé au lendemain car l'autre demi-finale devait se tenir. J'ai appris plus tard que Nelson Mandela a fait pression pour que la rencontre ait absolument lieu car, si elle avait été annulée, nous aurions été qualifiés au bénéfice du nombre de cartons jaunes reçus. L'Afrique du Sud avait été plus sanctionnée que nous et aurait été éliminée sur tapis vert. C'est ce que l'on m'a raconté en tout cas.

Le match... Son contenu... L'essai d'Abdelatif Benazzi refusé... Je n'ai pas été traumatisé. Je marque aussi un essai sur une mêlée à 5 mètres avec introduction pour les Springboks. Refusé ! L'arbitre ayant considéré que le ballon n'avait pas été talonné. Ce dont je me souviens le mieux, c'est la ferveur incroyable lors du coup de sifflet final. J'ai vraiment eu l'impression que le stade allait s'écrouler !

J'ai aussi tendance à retenir la victoire contre les Anglais pour la troisième place. On ne les avait plus battus depuis sept ans et, surtout, nous avions encore en travers de la gorge notre élimination contre eux en quart de finale au Parc des Princes, quatre ans plus tôt. Plus que du contenu du match en lui-même, je me souviens davantage de la bringue qui a suivi. Un truc de fou que je n'ai plus jamais vécu ensuite ! Un truc totalement dingue ! On a littéralement saccagé un bar à Pretoria, le Ed's Café. Le pire, c'est qu'on a vandalisé cet établissement avec l'autorisation et la participation active du proprio. Aussi absurde que ça puisse paraître, ce type était avec nous dans cette opération « destruction » ! C'était du grand n'importe quoi ! On a vidé des tubes entiers de moutarde et de ketchup sur les murs. Aujourd'hui, si tu fais ça, tu vas en taule direct ! Mais, à bien y réfléchir, il n'y avait rien de malsain. C'était seulement une énorme troisième mi-temps. Au rugby, nous, les Français, on dit souvent que les Anglais n'ont pas bon esprit... Mais ce soir-là, il y avait Guscott, Carling et tous les autres joueurs du XV de la Rose, et c'est parti en live ! C'était génial !

Finalement, je passe trois semaines avec l'équipe de France, une parenthèse dans mon expérience sud-africaine. Oui, c'est ça, une parenthèse. Toute la délégation repart et, moi, je reste. Je reste parce que je n'ai pas terminé mon voyage. Je n'ai pas envie de remonter dans le bus, de remettre le nez à la fenêtre. À cet instant, ma vie est là-bas. Je ne partage donc pas la même vision que mes camarades sur l'Afrique du Sud et la compétition qu'ils viennent de « traverser ». Je retourne à mon quotidien, comme tous les Sud-Africains, et j'ai encore envie de profiter, de contempler, de voyager...

Quelques années plus tard, j'ai été invité à la

projection du film *Invictus* de Clint Eastwood. J'ai réalisé que j'avais été témoin d'un « truc de fou ». À travers mon voyage initiatique, j'ai assisté à une véritable révolution sociétale. Pour moi, ce film raconte surtout la politique d'intégration de Nelson Mandela, les problèmes raciaux forts qui existaient et qui existent toujours. Quand j'ai assisté à la projection, je me suis dit : J'y étais. J'ai habité là avec eux, j'ai vécu tout ça. Quand on allait boire des coups avec mon équipe et que notre coéquipier noir, Dale Santon, restait au club-house avec sa famille parce qu'il ne pouvait pas entrer dans un bar où il n'y avait que des Blancs… Ce film, c'est avant tout cette triste réalité qu'il dénonce. Mandela a tout fait pour que le rugby s'ouvre aux Noirs, mais malheureusement, il n'y est pas complètement parvenu, même s'il a imposé Chester Williams, un ailier de couleur au milieu d'une équipe de Blancs, d'Afrikaners !

Une chose est à peu près certaine, sans Mandela, les Springboks n'auraient jamais été champions du monde. C'est complètement surréaliste parce que cet immense monsieur, qui a été enfermé presque toute sa vie, qui a perdu quasiment toute sa famille, a aidé ceux qui l'ont emprisonné et persécuté, les Blancs d'Afrique du Sud, à réussir précisément la chose qui compte le plus à leurs yeux : devenir les meilleurs du monde en rugby. À la fin de la projection du film, j'ai réalisé à quel point je pouvais être fier d'être descendu du bus, d'avoir pleinement vécu ces événements.

Finalement, je suis rentré en France au mois d'octobre, le poignet dans la boîte à gants, pour me faire opérer. Bilan : ligaments arrachés lors de mon dernier match avec False Bay. Mais l'important était ailleurs. À peine retourné en France, j'avais envie de repartir, conscient que le rugby, à condition de bien le vivre, est un formidable passeport pour grandir, apprendre, aller à la rencontre des autres et sortir du cadre.

Ce voyage en terre inconnue a aussi été un tournant majeur dans ma carrière et dans celle de tous les rugbymen présents en Afrique du Sud pour une autre raison. Nous avons basculé dans l'ère du professionnalisme durant cette année 1995 sous l'impulsion d'un homme : Rupert Murdoch. Ce richissime homme d'affaires australo-américain a profité en effet de la Coupe du monde pour rencontrer, en catimini, les capitaines de chaque équipe afin de leur présenter son projet d'une ligue professionnelle de rugby. Murdoch et ses émissaires nous ont fait signer nos premiers contrats professionnels. Nous sortions ainsi du giron fédéral. Une révolution majeure pour notre sport était en marche...

3

L'épopée fantastique

> « Le bonheur est la plus grande des conquêtes, celle qu'on fait contre le destin qui nous est imposé. »
>
> Albert Camus

Il y a des périodes dans la vie où l'on manque de constance et de consistance. Une traversée du désert pour certains, des « jours sans » pour d'autres, des années parfois ! Entre 1995 et 1999, Fabien Galthié fait des apparitions furtives en bleu. Un match dans le tournoi de 1997, puis un autre en 1998 pour deux Grands Chelems au goût amer, avec cette insupportable impression de ne pas être de la partie jusqu'au bout. Foutues blessures ! On a beau être l'un des meilleurs demis de mêlée du championnat, sortir d'une saison splendide avec son club et avoir disputé une finale de Coupe d'Europe, onze matchs en équipe de France en quatre ans, c'est peu ! En tout cas, pas assez pour devenir le premier choix dans l'esprit des sélectionneurs pour disputer la Coupe du monde. Et pourtant…

1er octobre 1999

15h58. « Tu veux une bière, Fabien ? » Mes potes sont aux petits soins. Ils savent que j'ai le moral au fond du faitout. Assis dans mon fauteuil, face à l'écran, j'ai des fourmis dans les jambes, la boule au ventre. C'est aujourd'hui que le rideau se lève, qu'une aventure formidable démarre pour les fous de l'ovale. Pays de Galles-Argentine est à l'affiche, match d'ouverture de la Coupe du monde dans un écrin tout neuf, le Millennium Stadium de Cardiff. J'ai invité quelques copains à la maison pour ne pas vivre ça seul, dans mon coin. « Oui, volontiers ! Vous pouvez même amener le pack entier. Aujourd'hui, on va faire la troisième mi-temps avant les deux premières… » Voilà ce que je leur réponds. Malheureusement, je dois me faire à l'idée que je ne suis pas l'élu, mais plutôt celui qu'on n'invite pas à la fête. Ainsi, l'histoire se répète mais, cette fois, les raisons sont différentes. Il n'y a pas d'injustice à ma non-sélection !

Depuis mon retour d'Afrique du Sud, je n'ai pas réussi à enchaîner les matchs avec le XV de France. Pourtant, je sais, au plus profond de moi, que j'ai pris une dimension supplémentaire là-bas, que je suis devenu plus fort. D'ailleurs, ça se vérifie avec mon club de Colomiers. Nous avons disputé successivement un quart de finale de championnat en 1997, puis une demi-finale en 1998. Cette année-là, nous avons même remporté un titre en Conférence européenne contre Agen. En janvier 1999, nous sommes tout près d'un titre en H Cup, battus 21-6 par l'Ulster en finale.

En réalité, le problème est simple : je suis un intermittent du spectacle ! Je fais quatre mois et *bim !* Une cheville. Je reprends la compétition et, six mois plus tard, *bam !* Un genou. J'ai ma carte au Racing Club de la loose ! Dès que je suis sélectionné avec les Bleus, mon corps dit « stop ». En 1997, lors du premier match du tournoi en Irlande, j'ai la sensation de réussir une énorme première mi-temps, peut-être la plus aboutie de ma carrière et *boum !* Pété à nouveau. Je suis dans un très mauvais cycle, un cercle vicieux de blessures. Je fais des allers-retours en bleu, mais je ne parviens pas à me rendre incontournable. Au fond, je n'ai que ce que je mérite. Toutefois, je ne peux m'empêcher de penser que les deux joueurs sélectionnés à mon poste ne sont pas meilleurs que moi. Malgré tout, Pierre Mignoni et Stéphane Castaignède sont plus réguliers dans leurs performances, mais j'ai du mal à l'accepter.

Très tôt, j'ai été un joueur doué, faisant preuve de beaucoup de qualités. Mais la vérité, c'est que je n'ai pas su m'imposer, m'installer en équipe de France à cette époque. Pour preuve, la tournée de juin 1999 a été un échec cuisant. Lors du deuxième test-match à Nuku'alofa, capitale des îles Tonga, la France sombre et, ce jour-là, je rentre dans les annales du rugby français en devenant le premier capitaine à perdre une rencontre contre cette équipe du Pacifique. Lors des deux tests suivants, j'assiste impuissant, avec les

« coiffeurs », à la déroute de mes coéquipiers face à la Nouvelle-Zélande. Plus de 40 points contre l'équipe B des All Blacks à Hamilton, puis 54 à 7 la semaine suivante à Wellington : un désastre ! J'ai le moral en berne, à tel point que, sur le chemin du retour, lors de notre escale de trois jours en Nouvelle-Calédonie, je décide de rester sur place. Encore une fois, sur un coup de tête. J'ai la sensation d'être responsable de cette tournée calamiteuse. J'ai besoin d'air. D'autant qu'en France, personne ne m'attend puisque je me suis séparé de ma fiancée. Le matin du départ, au moment de préparer ma valise à l'hôtel, je fais part de ma décision à Philippe Bernat-Salles, mon copain et compagnon de chambrée :

« Je pense que je vais rester ici quelque temps.

– Mais ça va pas ! T'es fou ?

– J'ai besoin de couper, de faire une pause !

– Tu sais que ça ne se fait pas ? Ça va être très mal vu ! En même temps, tu es grand, Fabien...

– Oui, je sais. Je vais aller en parler à Jo et Jean-Claude. »

Je ne sais plus exactement comment je leur ai présenté les choses, mais leur réaction a été lapidaire : « OK, très bien. »

Mon escapade va durer trois semaines avec, comme point de chute, Poindimié, une petite commune située à 300 kilomètres de Nouméa. Là-bas, je fais la rencontre d'un Narbonnais qui vient d'ouvrir des petites cahutes en bord de mer. Gentiment, il accepte de me loger dans ce coin perdu au bout du monde. Pendant vingt jours, je vais me retaper dans cet environnement magique. Le deuxième soir, le « Narbonnais » me propose de venir faire un toucher sur la plage. J'accepte volontiers et ne vais pas le regretter. En arrivant sur place, de nombreux expatriés sont déjà en action. Il y a là des professeurs, pour la plupart, et des infirmiers d'une pension française située dans la jungle, non loin de Poindimié. Des gars du Gers, du Lot, du Languedoc. Au milieu d'eux, je reconnais Gauthier Nolte, mon capitaine de la sélection Midi-Pyrénées lorsque nous étions cadets. En me voyant, il manque de tomber à la renverse : « Mais qu'est-ce que tu fous ici ? C'est incroyable, le monde est vraiment petit ! » En effet, c'est surréaliste de nous retrouver là ! Après lui avoir expliqué la situation et mes déboires avec l'équipe de France, nous jouons jusqu'au coucher du soleil. Et tous les deux jours, le même rituel recommence. Mais quel bonheur ! Chaque journée est différente. Un coup, je suis sur l'eau avec le pêcheur du coin ; une autre fois, je vais dans la brousse avec le bûcheron du village. Je m'occupe comme je peux. De temps en temps, je passe voir mes copains infirmiers qui soignent des malades dans la jungle de Poindimié. Certains soirs, avec Gauthier, nous nous rendons en pleine forêt pour partager une coutume locale : le moment du kava. Pour quelques francs, tu peux boire cette préparation traditionnelle à base de racines d'arbustes. Après avoir été mâchées, crachées, puis filtrées dans une feuille de bananier, nous buvons cette mixture et planons de longs moments grâce aux substances anxiolytiques et anesthésiantes contenues dans ce breuvage. Ce sont des moments très reposants, durant lesquels nous parlons de tout et de rien. Humainement, cette escale me fait un bien fou. Mais je suis conscient que, pour ma carrière, c'est un très mauvais choix. Ne pas être rentré avec les Bleus va sans doute me porter préjudice. Et je ne me trompe pas... Quatre mois après cette merveilleuse expérience, dans mon salon et bien au-delà, je vis effectivement un véritable calvaire et je me sens inutile. Sans le maillot bleu sur les épaules, je suis, pour tout dire, le simple spectateur d'un film qui se déroule sans moi. Ça me rend fou ! Et le premier match des Bleus ne va pas me remonter le moral.

Il n'est jamais simple de débuter une Coupe du monde, surtout quand elle se déroule à la maison, devant son public. La pression est forte, et il faut être capable d'en faire abstraction. C'est évidemment plus facile à dire quand on est confortablement installé dans son canapé. Mais comme c'est ma réalité du moment, je constate que l'entrée en matière face au Canada est laborieuse. Au stade de la Méditerranée, à Béziers, le score est de 18 à 10 à la mi-temps. Il faut bien admettre que les Canucks s'accrochent ! Mieux encore, ils font jeu égal durant toute la seconde période. Heureusement, Émile Ntamack, entré en jeu à la 73e minute, se montre décisif cinq minutes plus tard en inscrivant un essai qui masque un peu la poussive prestation des Bleus : victoire 33-20. L'essentiel est assuré mais, comme beaucoup d'observateurs, je ne suis pas convaincu.

Six jours plus tard, à Bordeaux, le scénario se répète face à la Namibie : 11-10 à la demi-heure de jeu. Le contenu est inquiétant. La victoire finale (47-13), après un second acte un peu mieux maîtrisé, soulève néanmoins de nombreuses interrogations. La presse n'est pas tendre. Interrogé sur le sujet, je ne cache pas mon pessimisme et stigmatise des problèmes d'organisation générale. Bref, ce que j'ai observé sur ces deux premiers matchs. Avec le recul, je me fais un peu piéger et passe pour un joueur aigri.

Le lendemain, je reçois un coup de téléphone de Jean-Claude Skrela : « Bonjour, Fabien. Tiens-toi prêt à nous rejoindre ! Pierre Mignoni est en train de passer des examens pour des problèmes musculaires. » Je tombe de l'armoire ! Comme en 1995, on me rappelle quasiment au même moment... J'ai alors exactement la même réaction que quatre ans auparavant. Inutile de le nier, je suis touché dans mon orgueil, piqué de ne pas être pris dans l'équipe. Et comme j'ai beaucoup d'ego, j'hésite à accepter cette éventuelle sélection. C'est humain, après tout ! Je consulte alors toujours les mêmes personnes. Mon père, mon frère, mon oncle Francis et puis Beñat qui me dit : « Vas-y ! Ça te fera une troisième Coupe du monde. Il n'y a pas beaucoup de joueurs qui en ont disputé trois ! » Les arguments sont toujours les mêmes, mais j'écoute car leur avis compte. En fin de journée, le verdict tombe. Mignoni est *out* pour le reste de la Coupe du monde. Mon entourage m'a convaincu, et me voilà une nouvelle fois en route pour rejoindre les Bleus.

Quelques heures plus tard, je débarque à l'hôtel du Golf de Seilh, à côté de Toulouse. L'équipe de France y a élu domicile pour préparer son troisième et dernier match de poule contre les îles Fidji. À peine ai-je mis un pied dans le camp de base que je suis immédiatement convoqué par les coachs. Jean-Claude Skrela m'interpelle devant le reste de la troupe :

« On aimerait te parler, Fabien !

– OK. Je vais poser mes affaires et j'arrive. »

Cinq minutes plus tard, l'entretien commence :

« Tu as fait des déclarations dans la presse sur l'équipe qui, selon toi, paraît désorganisée. Apparemment, le plan de jeu n'est pas bon. A priori, nous faisons fausse route, c'est ça ? Ça ne se fait pas de dire des choses pareilles ! Tu le sais, n'est-ce pas ? Nous sommes très contrariés par tes prises de position !

– C'est vrai. Je l'ai dit et je le répète. Pour être efficaces, il faut que nous nous organisions autrement. On ne peut pas jouer uniquement sur le mouvement général que vous prônez. C'est en tout cas comme ça que je vois les choses. À l'évidence, nous ne sommes pas d'accord et je suis peut-être là par défaut, mais soyez sûrs d'une chose, je donnerai tout pour l'équipe, je suis prêt à mourir sur le terrain ! À la fin de l'aventure, vous pourrez tout me reprocher sauf mon investissement ! »

Fin de la discussion.

Je connais par cœur la vision du jeu et le mode de fonctionnement du duo Skrela-Villepreux. C'est logique puisque j'ai été moi-même éduqué à cette école, celle de Robert Bru, à la fin des années 1980. Cependant, dix ans plus tard, le rugby a changé ! Le jeu, bien sûr, mais pas seulement. Les outils aussi ! La vidéo, par exemple, prend de plus en plus d'importance dans la préparation des matchs. Toute cette réflexion sur l'évolution de notre sport manque dans leur approche. Nous nous en expliquons. En tout cas, je leur dis clairement comment je vois les choses.

Des tas d'histoires ont été racontées sur cette Coupe du monde. Par exemple, Bernard Laporte a déclaré en 2005 sur Sud Radio que Fabien lui avait dit que Pierre Villepreux était la plus grosse « pipe » qu'il ait jamais connue comme entraîneur. J'avais fait une interview de Fabien pour Stade 2 *à cette époque. Il n'avait pas souhaité répondre à mes questions et m'avait carrément renvoyé dans mes vingt-deux ! Mais, cette fois-ci, je le tiens et ne vais pas le lâcher.*

Ça n'est pas comme ça que les choses se sont passées ! Indéniablement, ma vision du jeu était différente de la leur. J'avais la sensation que nous nous épuisions à jouer en permanence « dans le sens », que nous tapions systématiquement sur un mur. Il fallait adopter une structure de jeu différente. De mon point de vue, il était nécessaire de trouver un compromis entre le mouvement général, encouragé par les coachs, et des situations préétablies qui permettraient alors un repositionnement plus efficient. Nous avions besoin d'un nouveau point d'accroche, une construction nouvelle pour créer un déclic psychologique. Et pour cela, parfois, il faut savoir dire les choses, quitte à se fâcher. C'est ce qui s'est passé, et c'était plutôt sain comme échange. Après, on ne contrôle pas les ragots, les bruits de couloir ou autres « fuites de vestiaires », mais j'ai toujours respecté mes entraîneurs. Malgré tout, le contexte était tendu, comme en 1991 et 1995. Le groupe ne travaillait pas dans la sérénité. L'opinion publique et l'avis des médias font parfois très mal, et je sentais bien que les joueurs étaient atteints.

Trois jours avant le match contre les îles Fidji, la composition d'équipe tombe. Je suis sur le banc. Pas franchement une surprise. Stéphane Castaignède est devenu le premier choix depuis la blessure de Pierre Mignoni.

Ce samedi 16 octobre, le match est particulièrement tendu au Stadium de Toulouse. Les Fidjiens, très physiques, proposent un rugby désordonné, qui nous pose de gros problèmes. Il est même clair que nous n'arrivons pas à nous adapter. Pire encore, nous commettons énormément de fautes, au point que notre capitaine, Raphaël Ibanez, est sanctionné d'un carton jaune quelques minutes avant la mi-temps. Et même si, de leur côté, les Fidjiens en reçoivent trois, les ennuis demeurent. À la 65e minute, nous sommes menés 19-16. Rien ne va plus. Les entraîneurs décident alors de faire entrer du sang neuf. C'est un moment que je n'oublierai jamais.

Je suis sur le bord de touche, et il y a cette mêlée tout à fait à l'autre bout du stade, dans les 22 mètres des îles Fidji, introduction France. Au moment d'entrer en piste, alors que je foule la pelouse pour la première fois de la compétition, tout le public se lève et me réserve une *standing ovation*. Je ne sais pas combien de temps cela a duré précisément, mais c'était assez magique. Ça m'a donné une force incroyable ! En allant vers ce ballon, je me suis senti invincible. Jusque-là, j'avais tout perdu, je n'étais pas l'évidence dans l'esprit des coachs et, pourtant, j'allais vivre une fin de match décisive. À Toulouse, quasiment chez moi, devant mon public. Les supporters étaient en train de me le faire comprendre.

Ainsi, je décide d'assurer, de jouer simple, et ça marche ! Nous marquons un premier essai collectif en enfonçant les Fidjiens puis, dans les arrêts de jeu, Christophe Dominici en ajoute un troisième et scelle notre victoire 28-19. C'est un immense soulagement ! L'équipe de France est qualifiée pour les quarts de finale. Aux forceps, mais qualifiée !

J'imagine alors assez bien l'embarras des entraîneurs à l'issue de cette rencontre. Je n'étais pas leur option de départ, comme d'autres joueurs d'ailleurs qui s'imposaient au fil des matchs et, en un sens, avec ce dénouement contre les îles Fidji, ils ne peuvent plus nous considérer uniquement comme des doublures. Le lendemain, dans les journaux, l'avis est unanime : je viens de gagner ma place de titulaire.

De retour au château Ricard, à Clairefontaine, je me sens quasiment libéré au moment de préparer le quart de finale. J'ai grappillé du temps de jeu et, sans aucun doute, marqué des points précieux pour la suite. En outre, j'aime ce château, je m'y sens bien. J'en connais les moindres recoins, ou presque. Car le lundi, je découvre une partie du domaine qui m'était encore inconnue. Je suis à nouveau convoqué par les coachs, dans le donjon, un endroit réservé au staff. À la nuit tombée, je me dirige donc vers cette tour peu éclairée et effrayante de prime abord. C'est une première, et j'éprouve une sensation étrange au moment d'emprunter l'escalier qui conduit au troisième étage, lieu du rendez-vous. Je frappe à la porte. « Entre, Fabien ! Installe-toi. Nous avons plusieurs choses à te dire. » Face à moi se trouvent Jo Maso, le manager, Jean-Claude Skrela et Pierre Villepreux, les entraîneurs, et Max Godemet. Depuis de nombreuses années, ce dernier est à la fois un homme de l'ombre et un personnage influent pour l'équipe de France. Douze ans plus tôt, Jacques Fouroux l'avait recruté afin qu'il l'aide à préparer la première Coupe du monde.

« Tout d'abord, nous voulions te dire que tu seras titulaire à Dublin, samedi prochain. Ensuite, comme tu le sais, Fabien Pelous est suspendu pour ce match, et nous avons perdu Christian Califano pour le reste de la compétition. Après Thomas Castaignède, c'est un nouveau coup dur pour l'équipe ! Nous ne pensons pas que la génération de joueurs que nous allons aligner à Dublin soit armée pour gagner cette rencontre. C'est peut-être difficile à entendre pour toi, mais il faut préparer l'avenir. Nous comptons sur toi pour t'inscrire dans ce projet, qui doit nous mener à la prochaine Coupe du monde, dans quatre ans. » Je reste coi, abasourdi par ce discours ! Certes, l'équipe se retrouve modifiée en profondeur à la suite des blessures et des suspensions de joueurs majeurs. Certes, des gars comme moi, qui étaient encore sur le bas-côté il y a peu, se retrouvent soudainement propulsés dans le quinze de départ, alors que nous n'étions pas des « premiers choix » aux yeux des sélectionneurs. Mais bon sang ! Comment peuvent-ils me dire ce genre de chose !

Je n'ai jamais su, ou plutôt je n'ai jamais cherché à savoir si d'autres joueurs avaient eu droit, eux aussi, à ce genre d'entretien dans le donjon. Je me suis également souvent demandé si tout cela n'était pas prémédité pour décupler ma motivation. Après tout, c'est tout à fait plausible. J'utilise parfois ce genre de management aujourd'hui avec mon équipe de Montpellier. Si tel était le cas, c'était un coup de génie ! Finalement, la force des sélectionneurs était peut-être là ! Ils nous ont laissé le choix : vivre ou mourir, accepter notre destin et le prendre en main ou échouer face à l'adversité...

Ni une ni deux, le lendemain, je décide de réunir les joueurs sur le terrain d'entraînement, près du lac du château : « Écoutez, les gars ! Je me permets de vous dire ce que je pense car j'ai vécu le début de la compétition à la piaule. D'un point de vue extérieur, ce que l'on montre n'est pas terrible. Je suis persuadé qu'on peut mieux faire. Il faut que l'on soit tous conscients de notre potentiel, et ça commence dès samedi ! » J'étais remonté comme un coucou !

En fin de journée, alors que nous nous attendons à affronter l'Irlande en quart de finale, la surprise est de taille ! L'Argentine vient d'éliminer le XV du Trèfle. Une aubaine, car jouer l'Irlande dans son jardin de Lansdowne Road n'aurait pas été une mince affaire. Et, du même coup, les Pumas disposent de trois jours de récupération de moins que nous pour préparer leur match, ce qui constitue un réel avantage !

Quatre jours plus tard, à Dublin, nous démarrons ce quart à plein badin : trois essais en trente minutes ! L'équipe paraît libérée. Le dernier quart d'heure contre les îles Fidji nous a donné quelques certitudes. Malgré tout, les Argentins sont dans la partie. À la mi-temps, nous n'avons que sept points d'avance. Cette génération de Pumas est très talentueuse. À l'arrière, il y a Corleto et ses jambes de feu.

Devant, des gars comme Mario Ledesma, Fernandez-Lobbe ou Phelan apportent beaucoup de densité, et la charnière Pichot-Quesada est très à l'aise dans la conduite du jeu. Le rythme du match est élevé, le jeu enlevé. Nous alternons le bon et le très mauvais, mais à l'arrivée, grâce à cinq essais, nous nous qualifions en demi-finale (47-26). Toutefois, ce match n'est pas de nature à rassurer les observateurs et le public français. Indiscutablement, l'équipe est branchée sur courant alternatif depuis le début de la Coupe du monde. Sauf que, maintenant, c'est l'heure d'affronter les All Blacks. On nous promet l'enfer !

Il faut dire que cette équipe néo-zélandaise est merveilleuse et reste sur une série de dix-sept matchs sans défaite. La toute-puissante Nouvelle-Zélande concasse tous ses adversaires. À domicile ou à l'extérieur, le tarif est identique pour tout le monde, et c'est souvent 40 points dans la musette à l'arrivée ! Les Blacks font peur ! Parmi eux, Jonah Lomu est un athlète hors du commun, qui détruit tout sur son passage, une sorte d'homme-montagne. Imaginez une Twingo lancée à 40 km/h qui fonce sur vous. Trois, deux, un : impact ! Lomu, c'est ça. Ce joueur est terrifiant ! Mais s'il n'y avait que lui… Tana Umaga est une référence au centre de l'attaque. Andrew Mehrtens est un ouvreur de classe mondiale et forme avec Byron Kelleher, alias « le Bison », l'une des charnières les plus fortes au monde. Devant, ce sont tous des animaux ! Brad Thorne, Josh Kronfeld ou encore Anton Oliver sont les meilleurs à leur poste. Pour tous, l'équipe de France est au bord du précipice et n'a aucune chance. « Mission impossible » : sans aucun doute, le titre le plus utilisé par les journalistes durant la semaine précédant le match. D'ailleurs, je me souviens très bien d'un article de *L'Équipe* et cette phrase : « Pour que la France se qualifie, il faudrait que les All Blacks aient un accident de bus en se rendant à Twickenham ! »

Ce contexte va nous servir. Impossible n'est pas français, c'est bien connu ! Tout d'abord, nous découpons cet article et le collons partout, dans nos chambres, dans la salle de vie, dans le vestiaire. Ensuite, nous inventons une nouvelle stratégie. Nous sommes obligés de le faire. C'est une manière pour nous de croire en quelque chose parce que nous ne pouvons pas y aller uniquement avec la baïonnette ! Vous me direz, c'est déjà bien la baïonnette... Mais les Blacks ont vite fait de vous la prendre et de vous la faire bouffer ! Alors il nous faut un plan. Ce ne sera peut-être pas le bon mais, au moins, nous en aurons un !

Après le château Ricard, c'est dans celui de Windsor, à Londres, que nous nous retrouvons la veille du match. Cette forteresse médiévale, construite peu après la conquête de l'Angleterre par Guillaume le Conquérant au XIe siècle, fut un refuge pour la famille royale pendant les bombardements de la Seconde Guerre mondiale. Comme nous savons pertinemment que ça va « bombarder » contre les Blacks, c'est le lieu idéal pour notre dernier galop d'essai, pour le « *team run* », l'ultime répétition en quelque sorte, un genre de ballet artistique où nous répétons nos dernières chorégraphies.

De toute évidence, nous sommes seuls au monde en ce samedi. Je ne sais pas si c'est parce que personne ne croit en nous ou parce que l'entraînement a lieu à huis clos, mais il n'y a aucun supporter ni journaliste. Juste une bande de fêlés qui se prépare à la « guerre ». Sur le terrain du château, on peut entendre un Bobby éternuer ! Nous révisons notre animation dans un silence étourdissant. La concentration et l'implication de tous sont palpables. Dans cette ambiance studieuse, une scène va en dire long sur l'état d'esprit du groupe.

Alors que nous répétons un lancement de jeu préétabli, la machine s'enraye. Je dois faire une passe dans le dos de deux avants qui viennent en « course négative » pour faire, ce que l'on appelle aujourd'hui, un écran face à la défense adverse. Problème, le timing de l'action n'est pas bon entre les courses des avants et ma passe. Résultat, Cédric Soulette qui arrive à ma hauteur, lancé comme un frelon, reçoit un parpaing dans la bobine en guise de passe ! Tout le monde s'arrête, sauf Stan – c'est son surnom. Il continue sa course comme un dératé pour rattraper le ballon qui a échoué 10 mètres plus loin dans l'en-but. À la fin de son sprint, Stan nous gratifie d'un plongeon dont il a le secret, aplatit le ballon et hurle : « Essai ! » C'est sa manière à lui de dédramatiser ce gros loupé. Plus aucun ballon ne va tomber par la suite.

À la fin de la séance, comme la pelouse est très grasse, nous passons un temps fou à retirer les morceaux d'herbe et de terre restés coincés entre nos crampons. Aujourd'hui encore, je me souviens très bien du bruit des chaussures qui claquent sur le sol. Je ne sais pas pourquoi, mais ça m'a marqué au même titre que l'atmosphère qui régnait dans le bus en rentrant à notre hôtel. Ces choses-là ne s'expliquent pas, mais je sentais que quelque chose de grand allait se produire...

Pour le reste, j'ai de gros trous noirs. L'effet All Blacks sans doute ! L'avant-match et l'ambiance dans le vestiaire sont des souvenirs très vagues. En fait, je « reprends conscience » au moment où nous sommes alignés dans le couloir menant au terrain. C'est un instantané, mais je me rappelle ces athlètes dans leur tenue moulante toute noire. À l'époque, les Néo-Zélandais étaient les premiers à jouer avec des maillots aussi près du corps. Ça peut paraître stupide, mais je les trouvais beaux ! Enfin, pas longtemps non plus car, après les hymnes, au moment du fameux haka, ils étaient tout de suite beaucoup moins glamour !

D'ailleurs, pour ne pas être impressionnés et se laisser « manger » par ce rituel guerrier, nous décidons de ne pas donner tout de suite le coup d'envoi. Nous voulons, nous aussi, « marquer le coup » à notre façon. Mais nous ne savons pas quoi faire exactement, rien n'est calculé. On ne va quand même pas faire le « haka de la poupoule »... On aurait l'air ridicule !

De manière instinctive, nous nous regroupons en cercle et, au moment où l'arbitre s'apprête à siffler le coup d'envoi, nous nous mettons à entonner *La Marseillaise*. Twickenham est plein comme un œuf, et nous sommes là, serrés les uns contre les autres, à chanter à tue-tête notre hymne national. C'est un moment très fort, presque hors du temps. Chaque parole a encore plus de sens qu'à l'habitude. Ce chant révolutionnaire est vraiment de circonstance. C'est notre Ka mate[1] à nous ! Sauf que tout ça est improvisé et, par définition, en dehors du protocole prévu pour le match. Monsieur Fleming, l'arbitre écossais, nous interrompt donc naturellement à la fin du premier couplet. C'est l'heure et nous sommes en transe !

Première mêlée du match, Kelleher me met un énorme coup d'épaule au moment de l'introduction et, là, je me dis : Ça, tu vas le payer très cher ! Un grand joueur comme toi, un All Black, ne me bouscule pas sur la première mêlée quand j'introduis. Tu vas le regretter ! Le malheureux se fracture la jambe pendant la rencontre... Nous sommes tous dans cet état d'esprit, bien décidés à ne pas nous laisser marcher dessus. Nous avons carrément envie de les « crever » ! Il n'y a pas de mystère non plus ! Le rugby est un sport de combat, et il faut donc fournir une certaine dose d'agressivité pour exister. Personne n'a

1. Le Ka mate est le haka le plus connu et le plus souvent utilisé par l'équipe de rugby néo-zélandaise.

le droit de s'échapper ou d'avoir peur. Et, ce jour-là, nous avons tous une mission à remplir. Stan Soulette, qui a mis un énorme coup de boule dans le ballon la veille du match pendant le «*team run*», doit par exemple « détroncher » tous ses adversaires directs. Le moins que l'on puisse dire c'est qu'il y en a pour tout le monde ! Adversaires ou partenaires, Stan donne des coups de casque terribles sur chaque phase statique ! Il dézingue tout ce qui passe. Au cours de la semaine, on lui avait dit qu'il ne fallait pas que Josh Kronfeld puisse gratter des ballons dans les rucks, car il était un maître en la matière. Eh bien Kronfeld, on l'a vu dans le premier regroupement, et après plus rien… Porté disparu, l'ami Josh !

L'intensité et l'engagement que nous mettons dans les zones de rencontre nous permettent de réaliser un bon début de match. Titou Lamaison marque un premier essai magnifiquement construit. Ça part bien ! Sauf que les Blacks, comme prévu, ne tardent pas à réagir. Pourtant, nous avons décidé de nous jeter sur Lomu dès qu'il touche le ballon. Ainsi, nous avons l'espoir de l'enfermer le plus vite possible. Le problème avec Lomu, c'est que, même avec huit gonzes sur le dos, il avance ! Sur son premier ballon, il nous transperce. Notre défense est éparpillée façon puzzle ! Mehrtens, quant à lui, passe quatre pénalités, et nous sommes menés 17-10 à la pause.

Retour au vestiaire pour une mi-temps d'anthologie ! Nous ne sommes qu'entre joueurs, Pierre Villepreux et

Jean-Claude Skrela étant coincés en tribune. En effet, à cause du protocole lié à la présence de la reine d'Angleterre, les agents de sécurité ont bloqué tous les ascenseurs de la tribune officielle. Le fait de nous retrouver entre nous a probablement tout changé !

Aujourd'hui, avec son expérience d'entraîneur, Fabien se plaît à dire qu'une fois que le match a commencé, le boulot du coach est fait à 99 %. Le reste appartient aux joueurs. Si ces derniers ne répondent pas présents, cela signifie qu'ils ne se sont pas bien approprié les choses. Il considère qu'il est toujours possible de donner deux ou trois conseils, le mieux étant toutefois que les joueurs prennent leur destin en main. Ce qu'ils ont fait ce jour-là !

Notre vestiaire ressemble à une ruche géante, avec un bourdonnement continu. Habituellement, chaque joueur s'assied à sa place. Le capitaine et quelques joueurs cadres prennent alors la parole. Mais pas cette fois-ci. Nous sommes tous debout, en cercle, comme pendant l'avant-match. Malgré nos jambes gorgées de lactique, nous ne ressentons pas l'envie de récupérer, bien au contraire. Nous nous faisons face, nous nous congratulons. Ibanez à Bernat-Salles : « C'est très bien ce que tu fais, Phiphi. Faut que tu continues comme ça en défense ! » Lièvremont d'enchaîner : « C'est parfait, les gars ! Regardez-les bien dans les yeux en revenant sur le terrain. Ils nous craignent. Je vous le dis, ils nous craignent ! » On se tape sur les épaules, sur les têtes. On est excités comme des puces ! Et toujours ce même refrain lancinant en toile de fond, une sorte de positive attitude : tout ce que l'on fait nous paraît bien. On est confiants, dans un état second peut-être, mais persuadés que nous allons gagner.

Après dix minutes d'excitation collective intense, retour sur le pré. Quarante-sixième minute, essai de Lomu. Doublé pour Big Jonah ! Le retour à la réalité est brutal. Objectivement, nous voilà partis pour en prendre 50, le tarif habituel face à cette équipe ! C'est en tout cas ce que tout le monde pense à cet instant du match. Tout le monde ? Pas tout à fait... Raphaël Ibanez, le capitaine, nous réunit sous les poteaux. Nous sommes menés 24 à 10, mais le message reste le même : « Les gars, on reste sur ce que l'on s'est dit. On applique notre stratégie. Ça va passer. On ne lâche rien et ça va passer ! » Honnêtement, nous devions être complètement timbrés car on y croyait toujours.

Entre la 47e et la 76e minute, nous leur collons un 33-0 ! Le plus grand renversement dans une rencontre de Coupe du monde à ce jour ! Comment l'expliquer ? Tout simplement par la confiance collective et inaltérable dans ce que nous proposons sur le terrain. Nous faisons peut-être des mauvais choix à certains moments de la rencontre mais, comme tout le monde suit, ça marche ! Un mauvais choix, s'il est suivi par tous, peut devenir un bon choix. Inversement, un bon choix non suivi peut se révéler un mauvais choix... La chance sourit aux esprits préparés ! Et nous l'étions !

Nous décidons d'appliquer une « *rush defense* », un choix payant malgré les deux essais de Lomu sur des exploits personnels. Nous avions en effet noté que les Blacks jouaient beaucoup en passes redoublées et là, *bam !* On les croque de partout ! Devant, nos « gros » les concassent en mêlée. Les Blacks explosent comme du pop-corn ! Dans les rucks, ça pique sévère. Nous sommes clairement en train de prendre l'ascendant. Je revois le regard perçant de Raphaël, plus déterminé que jamais, et Marc qui continue de répéter : « Regardez-les, on les tient ! On les tient, les gars ! »

Nous avions convenu de jouer par-dessus leur défense avec du petit jeu au pied, comme des « chips » au golf. Le premier coup, dans le mille ! Je tape pour Dominici, rebond favorable, essai ! Quatre minutes plus tard, Titou Lamaison distille une merveille de passe au pied pour Richard Dourthe. *Bis repetita !* À la 75e minute, notre défense les pousse encore à la faute et, après une série de coups de pied d'Olivier Magne, c'est Philippe Bernat-Salles qui aplatit : 33-0 en trente minutes ! Hallucinant ! Les imprévisibles Gaulois, les mousquetaires en culottes courtes viennent de gravir l'Everest, de casser le mythe All Black ! Tous ensemble, nous sommes forts ! Tout nous sourit. Chaque rebond nous revient dans les bras. C'est incroyable ! Individuellement, nous valons 6/10 par rapport aux Blacks mais, ce jour-là, nous sommes à 9/10 ! C'est, de loin, mon plus grand match en équipe de France et mon meilleur souvenir.

À cinq minutes de la fin, je sors du terrain, remplacé par Stéphane Castaignède. Au moment de rejoindre certains de mes coéquipiers en tribune, j'aperçois mon père qui descend les marches quatre à quatre. Je ne savais pas qu'il était présent. Comme souvent, il ne m'avait rien dit. Il a toujours suivi ma carrière de près, mais avec beaucoup de discrétion et de pudeur. Ce moment est gravé en moi. Nous tombons dans les bras l'un de l'autre. Sans un mot. Au milieu de Twickenham, je fais alors abstraction de tout. L'excitation générale du public qui assiste à un exploit colossal n'est qu'un bruit de fond, presque étranger à cette étreinte profonde, sincère. Le temps s'arrête l'espace de quelques secondes. Cet échange est intense. Je suis ému aux larmes et ne me sens plus capable de rester là. Sitôt l'embrassade terminée, je redescends les marches et décide de rentrer au vestiaire. La foule hurle, les Anglais nous encouragent. C'est beau, mais je m'éloigne petit à petit de tout ça. Je n'aime pas le triomphe. Je n'ai jamais aimé cela.

J'entre dans cette petite pièce qui fait à peine 40 m^2. Ce même endroit où, une demi-heure plus tôt, tout le monde parlait, hurlait, s'encourageait. Désormais, le calme est absolu. Je me sens apaisé, tellement bien. J'ai la sensation d'être en apesanteur ! Finalement, il n'y a pas de mots pour décrire tout ce que je ressens à cet instant. Au bout de quelques minutes, je commence à repenser à ce fameux 1er octobre, lorsque j'étais dans mon canapé devant le match d'ouverture Galles-Argentine. Si l'un de mes copains m'avait dit que, cinq semaines plus tard, la finale serait France-Australie et que j'y participerais, je l'aurais pris pour un fou !

Pour que la carrière internationale d'un joueur soit réussie, il faut vivre une ou deux épopées. Cette aventure en était une, et elle avait du sens car elle partait de loin, de très loin ! Dans les minutes qui ont suivi cet exploit, je suis retourné partager avec mes partenaires et amis des moments de joie incroyables sur cette pelouse de Twickenham. Bien au-delà du coup de sifflet final ! Pour autant, nous n'avions pas terminé notre épopée et devions nous protéger, nous prémunir du sentiment général qui nous annonçait déjà champions du monde ! Je réfute d'ailleurs l'idée que nous nous sentions champions avant l'heure. Certes, cette victoire constituait pour tout le monde un triomphe violent, tellement imprévisible ! Mais nous avions encore envie de gagner, envie d'aller au bout ! L'occasion d'être sur le toit du monde ne se présente qu'une fois, deux tout au plus, si vous êtes chanceux au cours de votre carrière...

Pendant la soirée, nous nous sommes retrouvés dans un petit restaurant français en plein cœur de Londres. Nous avons bu des coups, du bon vin, mais pas trop. Nous sommes rentrés tôt à l'hôtel.

En quelque sorte, nous étions déjà focalisés sur la finale contre les Australiens.

Aujourd'hui, j'ai une explication rationnelle à notre défaite face aux Wallabies. Jamais, dans l'histoire des Coupes du monde, une équipe n'est parvenue à être championne en battant, à six jours d'intervalle, deux nations du Sud. Jamais ! Physiologiquement, cela paraît impossible. Il faut bien se rappeler que, jusqu'à la mi-temps, nous étions dans le coup, l'arbitre refusant même un essai d'Abdelatif Benazzi qui nous aurait permis de passer en tête avant la pause. Ensuite, nous avons plongé physiquement, c'est indéniable. Nous avons même vécu un véritable calvaire au cours de la dernière demi-heure. Ce jour-là, face à une très bonne équipe d'Australie, nous ne pouvions pas rivaliser pendant quatre-vingts minutes. Pourtant, nous avions l'équipe pour devenir champions, mais cinq jours de préparation n'étaient pas suffisants. Nous étions prêts mentalement mais pas physiquement !

Une chose est certaine, à l'issue de cette finale, j'étais fier de nous, de moi. Je n'avais pas menti concernant l'engagement pris et tenu auprès de mes entraîneurs. Je me suis donné corps et âme pour l'équipe, et je ne me suis jamais mis en travers de qui que ce soit au cours de cette Coupe du monde. Dans le même temps, je ne me suis pas non plus rapproché de mes coachs au moment des victoires. Peut-être que ce fut un tort. Mais on ne refait pas l'histoire.

En définitive, nous avons vécu quelque chose de beau, de grand, la plus belle des aventures collectives de ma carrière de joueur. Une épopée fantastique, en somme !

4
Le dernier pari

« Je crois qu'il faut presque toujours un coup de folie pour bâtir un destin. »

Marguerite Yourcenar

Quelques mois après la Coupe du monde 1999, de retour à Colomiers, Fabien pense vivre une nouvelle épopée. L'USC aborde les phases finales du championnat avec de grosses ambitions. Un an après la finale européenne perdue contre l'Ulster, l'heure de la consécration nationale a sonné ! Depuis l'âge de 10 ans, le rêve de conquérir le bouclier de Brennus est devenu une obsession ! À 31 ans, et alors qu'il ne lui reste que deux ans de contrat, le temps est donc venu de gagner un titre avec ses copains de toujours. Mais une blessure au genou en quart de finale contre Castres le prive de la finale au Stade de France contre les Parisiens du Stade Français. Tiens, tiens…

13 juillet 2000

Au moment de quitter Colomiers pour « monter » à la capitale, j'ai le cœur gros. Certes, la blessure fait partie du jeu. Elle appartient à la dure loi du sport, mais elle demeure terriblement injuste ! Assis au fond du bus, aux côtés de mes amis d'enfance, mes coéquipiers de la première heure, je ne suis qu'un simple accompagnateur de plus pour ce groupe en route vers la finale. Pourtant, ce jour de gloire, je l'ai attendu toute ma vie ! Pour la ville, le club, ses supporters et cette génération de joueurs, le moment est particulier. Pour la première fois de son histoire, Colomiers s'apprête à vivre une aventure fantastique, la conquête du bouclier de Brennus, ce fameux bout de bois que tout joueur de rugby espère toucher dans sa carrière !

Quand nous avons commencé à jouer tous ensemble, nous nous étions promis d'aller disputer cette finale à Paris. Avec Jean-Luc Sadourny, Dominique Dal Pos, Stéphane Peysson et tous les autres, c'était un rêve d'enfance. Nous avions l'intime conviction qu'un jour viendrait notre heure. À tel point que, depuis trois ou quatre ans, en fin de saison, nous refusions des offres alléchantes de clubs qui voulaient s'attacher nos services. Par exemple, j'aurais pu signer à Montferrand, où l'on me proposait bien plus que les 50 000 francs mensuels (7 600 euros) négociés avec mon président, Michel Bendichou. J'aurais également pu aller à Biarritz, Brive ou encore Toulon, des clubs plus prestigieux, au passé glorieux, des places fortes du rugby hexagonal. Mais nous voulions écrire notre propre histoire. Nous nous accrochions à notre rêve ! Et puis, au fond, nous savions tous que gagner moins à Colomiers mais gagner avec Colomiers valait plus que tous les contrats du monde. Jouer avec ses amis n'a pas de prix !

À défaut de disputer la finale, je serai donc le guide de Paname ! À deux jours du match, je m'improvise « organisateur de soirées ». Je connais bien Paris. Depuis que je suis en équipe de France, j'y ai pris mes habitudes. Je connais de bonnes adresses de restaurants, de bars, alors autant en faire profiter le reste de la bande ! Tout du moins ceux qui ne sont pas concernés par le match, c'est-à-dire les blessés, comme moi, et puis les gars que l'entraîneur n'a pas retenus dans le groupe, ce qui est sans doute pire encore ! Dans ce cas précis, une sortie ne fait jamais de mal, et l'énorme fête partagée l'espace d'une nuit panse bien des blessures. Cela aura été ma maigre contribution à ce week-end si particulier.

Le lendemain, au Stade de France, je prends place en tribune, à gauche de la sortie des joueurs. En raison de la Coupe du monde 1999, le championnat a été décalé, et l'enceinte dionysienne, en plein cœur du mois de juillet, n'est pas complètement remplie. L'ambiance est malgré tout au rendez-vous. Les équipes sont à présent dans le tunnel, et la température monte encore d'un cran. Au moment où les deux formations pénètrent dans le stade, le public explose.

Et moi avec ! À la vue de Jean-Luc Sadourny, notre capitaine et premier joueur à sortir, je m'effondre. Je pleure à chaudes larmes. L'heure est arrivée. Mon équipe s'aligne, sans moi, face à la tribune présidentielle. Ils sont enfin dans la lumière, prêts à prouver à la France entière qu'une bande de copains élevés au biberon de Colomiers peut déjouer tous les pronostics. Cet instant est le pire moment de ma carrière, un sentiment de solitude infinie.

À un degré moindre, j'avais déjà connu cela en 1997, lorsque je m'étais blessé au genou en Irlande avec l'équipe de France. En arrivant à la clinique du docteur Boussaton à Toulouse, je n'avais aucune idée de ce qui m'attendait. Le chirurgien proposa de m'endormir afin d'évaluer les dégâts pour, éventuellement, éviter une opération lourde. C'est un procédé parfois utilisé pour les sportifs de haut niveau, mais le diagnostic était sans appel : tous les ligaments du genou étaient arrachés ! Le croisé postérieur était rompu, et le point d'angle postéro-interne, véritable verrou articulaire, était en miettes ! On appelle ça le coup de la boîte à gants : chez les accidentés de la route, dans les chocs frontaux, le passager a parfois le genou arraché sous l'impact de la boîte à gants ! À mon réveil, je compris immédiatement que l'intervention avait été inévitable et j'ai craqué ! Je savais que de longs mois d'absence et de souffrance se profilaient à l'horizon, et j'étais en réalité à des années-lumière de me douter de ce qui allait suivre. J'avais tout de même déjà envie d'abandonner, de tout envoyer bouler ! Michel Boussaton m'encouragea : « Tu vas revenir plus fort que tu ne l'étais, et je serai là pour t'encourager le jour où tu feras ton retour avec l'équipe de France. » C'était gentil de sa part, mais je n'étais pas dupe. Les huit mois suivants ont été un enfer. J'étais dans un long tunnel, dont je ne voyais pas le bout ! Ça doit être ça le vide sidéral ! Je devais tout réapprendre. Ainsi, j'ai passé cinq mois au CERS de Capbreton pour ma rééducation. J'y ai attrapé un staphylocoque doré, ce qui a rallongé mon combat pour recouvrer toutes mes capacités physiques. Il m'a fallu au total huit mois pour recourir, un long chemin de croix qui m'a finalement servi pour la suite de ma carrière. Il faut parfois vivre ce genre d'épreuve pour s'endurcir et aller chercher très loin en soi des ressources dont on ne soupçonne même pas l'existence. Malgré tout, c'est avec beaucoup d'abattement, je dois le concéder, que j'ai suivi à la télé le triomphe des Bleus et le cinquième Grand Chelem du rugby français.

Ce 15 juillet, l'histoire se répète donc un peu. C'est encore plus difficile à vivre car je sais que je ne reviendrai plus jamais en finale avec mon club formateur. Le bon moment défile sous mes yeux, et je ne suis pas de la partie. Incapable de ravaler ma déception et mes larmes, j'offre aux caméras de télévision, qui s'attardent évidemment sur moi, le spectacle de ma mine déconfite ! Colomiers fait un bon match mais s'incline 28-23. Le coup est passé si près...

La saison suivante, après une bonne série, l'équipe commence à décrocher aux alentours de janvier-février. Psychologiquement, je sens également que je n'y suis plus tout à fait. Quelque chose s'est cassé, je n'ai plus la même envie. Pourtant, je viens d'acheter une petite maison, une « toulousaine » typique de la fin du XIXe siècle. J'ai toujours aimé les vieilles pierres et les maisons chargées d'histoire. J'adore ces bâtisses en enfilade, faites de briques crues de couleur rouge ou rose, en alternance avec des galets de Garonne. Nous avons un petit jardin à l'arrière où, jadis, les maraîchers cultivaient leurs légumes. Avec ma femme, nous venions à peine de commencer à la retaper quand un soir, en rentrant de l'entraînement, je lui dis : « C'est terminé. Je sens que je n'ai plus la flamme. C'est ma dernière saison avec l'USC ! J'ai le sentiment d'avoir fait le tour de la question. Je vais en parler avec Michel pour trouver une solution. » En effet, je suis encore lié par deux ans de contrat, et il faut trouver un compromis pour ne pas faire l'année de trop.

En entrant dans le bureau du président Bendichou, je sais qu'il sera difficile de mettre l'affectif de côté. Je suis en quelque sorte dans la peau du mari qui n'aime plus sa femme mais se doit de rester honnête et sincère afin de ne pas renier les beaux souvenirs partagés :

« Bonjour, Michel. Je suis venu te dire qu'après vingt et un ans de bons et loyaux services, j'ai besoin d'aller voir ailleurs, de tenter une dernière aventure, un dernier pari. Je sens que je décroche en ce moment et que je n'ai plus la même motivation. Il est temps pour moi de changer de club.

– Il en est hors de question, Fabien ! Il te reste deux ans de contrat et tu vas les honorer jusqu'au bout. Ce n'est pas négociable ! »

Le ton est ferme et je ne sais quoi répondre.

Fabien n'a jamais eu d'agent pendant sa carrière. Il m'avoue avoir parfois souffert durant ces rendez-vous avec son président. Que ce soit pour négocier son salaire ou, comme ce jour, lorsqu'il a fallu parlementer pour tenter de convaincre Michel Bendichou de le laisser partir.

Je trouve sa réaction inadaptée. Selon moi, ma fidélité au club depuis l'âge de 10 ans et mon investissement devraient être des arguments suffisants pour le persuader de m'accorder un bon de sortie. Mais non ! Aujourd'hui, avec le recul, je comprends mieux les raisons de son refus car, dans le rugby professionnel, il n'y a pas de place pour les sentiments. Les contrats régissent tout, et un président fait toujours le maximum pour conserver ses meilleurs joueurs. Pour autant, après cette entrevue, j'éprouve encore le besoin de partir, même si je ne dispose d'aucune proposition ferme de la part d'autres clubs. Aucune perspective nouvelle à l'horizon.

Fin mai, nous sommes éliminés en quart de finale par Castres. Rien de très surprenant. « Vacances pour tout le monde ! » déclare Serge Milhas. Alors qu'il était ingénieur informatique à Auch, nous l'avions convaincu un an plus tôt, avec mon camarade de chambre, le piler droit et auscitain Stéphane Graou, de venir nous entraîner en remplacement de Jacques Brunel. Serge avait joué deux ans à Colomiers à la mêlée, et j'avais beaucoup apprécié le personnage. Dès sa première saison, il s'était imposé naturellement et avait permis au club d'atteindre la finale. Mais cette année, ni lui ni nous, les joueurs, n'avions la moelle pour rééditer pareil exploit.

Au repos forcé, je peux donc me consacrer à l'aménagement extérieur de ma « toulousaine ». Un samedi, en regagnant ma voiture sur le parking d'un magasin de bricolage, mon téléphone sonne. Problème, le temps de poser à terre les lits de bain en teck que je viens d'acheter et l'interlocuteur a déjà raccroché. Mais, au moment de démarrer, nouveau coup de fil.

« Salut, Fabien ! Richard Pool-Jones à l'appareil.

– Tiens, Richard ! Comment vas-tu ?

– Plutôt pas mal. Enfin, comme toi... déjà en vacances ! En fait, je t'appelle pour te demander un truc important. Comme tu le sais, nous n'avons pas fait une grande saison avec le Stade Français. Le quart perdu contre Biarritz a laissé des traces. On en a pris 35 ! Ça la fout mal quand on est champion en titre. Et puis, pour ne rien arranger, on a trébuché sur la dernière marche en Coupe d'Europe. Bref, je t'appelle car nous aurions besoin d'un demi de mêlée pour la saison prochaine. Ça t'intéresse ? »

J'accepte tout de suite ! Je ne m'attendais pas à cette possibilité de jouer pour le Stade Français, mais cette opportunité apparaît comme une évidence. Je lui explique alors la situation complexe dans laquelle je me trouve à Colomiers. En réalité, Richard m'appelle surtout pour prendre la température et remonter l'info au président Max Guazzini. De mon côté, je suis très excité. J'aime vivre en ville et, comme je n'ai pas du tout envie d'aller dans un autre club du Sud-Ouest, Paris est la destination idéale pour me relancer et terminer ma carrière.

L'affaire n'est pas entendue pour autant. J'échange d'abord avec Max avant de retourner à l'assaut de Michel. Ce dernier refuse toujours de me laisser partir mais cède néanmoins sur un point : je peux quitter le club à condition que mon futur employeur paie mes deux dernières années de contrat. Le bras de fer est inversé. Désormais, il faut que je persuade Max Guazzini de me « racheter » avant de me recruter...

La rencontre se déroule à Paris, à l'occasion du rassemblement de l'équipe de France, la veille de notre départ pour la tournée de juin en Afrique du Sud. Installés dans ma chambre d'hôtel au Concorde Saint-Lazare, nous nous entretenons pendant une heure environ sans parvenir à trouver un accord sur les modalités du contrat. Clairement, Max a été refroidi par les exigences de mon président. C'est donc un petit peu déçu que je m'envole pour Johannesburg avec les Bleus. Néanmoins, je suis capitaine de l'équipe de France, et cette tournée est très importante avec deux matchs face aux Springboks et un final contre les Blacks. Du lourd en perspective ! Je suis dans l'obligation de mettre de côté mes états d'âme.

Lors du premier test, nous faisons un match énorme, malgré un essai encaissé dès la première minute, et nous nous imposons 32-23. Un exploit de taille puisque la France n'avait plus gagné en Afrique du Sud depuis 1993. Cette rencontre finit sans doute de convaincre Max de me prendre dans son effectif. La semaine suivante, à Durban, nous nous inclinons de cinq points lors du deuxième test, après avoir fait longtemps jeu égal avec les Boks. De retour à l'hôtel après le banquet d'après-match, je tombe nez à nez sur Pascal Forni.

À l'époque, Pascal Forni est un jeune agent qui débute dans le métier. Il est aujourd'hui l'un des hommes les plus influents de sa profession avec 350 joueurs dans son écurie. Il a été envoyé en Afrique du Sud par Max Guazzini car le président du Stade Français a la phobie de l'avion.

Il tient dans sa main une proposition de contrat. Le temps presse. La LNR a en effet fixé à minuit la clôture des transferts. D'un pas décidé, je l'engage à me suivre dans ma chambre afin d'étudier le document. Pour faire simple, c'est une sorte de «*gentleman agreement*» entre Max Guazzini, Michel Bendichou et moi-même. Par ce contrat, j'accepte de me faire ponctionner à la source une partie de mon nouveau salaire pour rembourser les deux années dues à Colomiers. C'est le premier rachat de joueur de l'ère professionnelle en France ! Quelles qu'en soient les conséquences, je suis prêt à consentir à ce sacrifice. J'éprouve vraiment le besoin de partir, de quitter le cocon. Il est temps à 32 ans !

Je fais alors remarquer à Fabien qu'à l'époque, le Stade Français était considéré par le microcosme du rugby comme un club de mercenaires qui, pour sa remontée dans l'élite en 1998, avait réussi le tour de force d'être sacré champion de France avec des joueurs venus d'horizons divers entraînés par un débutant, Bernard Laporte.

Pourtant, je peux assurer que c'était tout l'inverse. Tout d'abord, nous avions des contrats bien moins importants que ce qui se pratiquait ailleurs. Ensuite, Max Guazzini ne nous faisait aucun cadeau. Si nous perdions des affaires de la dotation d'avant-saison, nous devions les rembourser. Chaque mercredi, à l'occasion du repas du président, nous nous acquittions de notre déjeuner, 12 euros par joueur. Pareil pour le parking du stade. Et nous lavions nous-mêmes notre paquetage complet après chaque entraînement.

Immédiatement, j'aime ce club. Je trouve rapidement un appartement à Boulogne-Billancourt, rue de la Saussière. L'emplacement est idéal car je suis à deux pas du stade Jean-Bouin, même si nous ne nous entraînons pas toujours là-bas. Ça aussi, c'est une particularité du Stade Français que j'adore : nous sommes des nomades du rugby ! Un coup, nous allons nous entraîner à la Faisanderie, dans le domaine national de Saint-Cloud ; le lendemain, nous nous retrouvons en plein cœur de la forêt de Meudon, au stade Marcel-Bec ; la fois d'après, sur le terrain de Jean-Bouin, nous sommes chassés en plein milieu de l'entraînement par les lycéens du coin venus suivre leur cours de sport sur la piste d'athlétisme. Il nous arrive aussi de nous faire jeter de la salle de musculation de Géo-André par les abonnés du Stade Français. Il faut bien comprendre que la section omnisports du club compte 14 000 adhérents et que nous ne sommes donc pas prioritaires sur les installations. C'est ça le Stade Français de l'époque, et c'est ce qui fait son charme ! En tout cas, ces conditions d'entraînement un peu particulières sont diamétralement opposées à tout ce que j'ai connu jusque-là dans ma vie de joueur de rugby.

Au-delà du cadre, je suis aussi venu à Paris pour retrouver une bande de mecs que j'adore et avec lesquels, pour une bonne partie, je joue en équipe de

France : David Auradou dit Bibi, Christophe Dominici, Pieter de Villiers, Sylvain Marconnet, Christophe Juillet, Franck Comba et bien d'autres. Nous avons tous le même état d'esprit, la même envie de prendre du plaisir sur et en dehors du terrain. D'ailleurs, tout au long de la saison, nous allons beaucoup nous amuser du traitement qui nous est réservé sur presque tous les terrains de France. Lors de nos déplacements, nous nous faisons traiter de « pédés de Parisiens ». Ça nous fait marrer car, parmi nous, pas un seul n'est né à Paris. Ce genre d'environnement hostile nous resserre, nous rend plus forts.

Pourtant, sportivement, ça ne se passe pas très bien. L'équipe est un peu en fin de cycle. Elle sort d'une finale perdue en Coupe d'Europe et décline. Contrairement à ce que beaucoup pensent à ce moment-là, elle manque de potentiel ! De mon côté, je ne suis pas régulier dans mes performances. J'enchaîne les petits pépins physiques, alors que je ne rate pas un match avec l'équipe de France. Pour l'anecdote, à la veille de recevoir Colomiers, je vais visiter le château de Versailles avec ma femme et, en rentrant le soir à la maison, je tombe malade : angine blanche ! Je suis forfait pour le match contre mes anciens coéquipiers… C'est sans doute psychosomatique mais aussi symptomatique de ma première moitié de saison avec le Stade. Malgré tout, nous parvenons à nous qualifier pour les playoffs, à l'arraché. D'ailleurs, nous perdons le premier match et, en interne, tout explose !

John Connolly, l'entraîneur australien, est en effet très contesté par les joueurs et ne s'entend pas bien avec Max Guazzini. Il ne parle pas français et n'a pas l'air de porter un grand intérêt au club. Au lendemain de notre premier match de qualification perdu, une réunion est organisée au stade Jean-Bouin. C'est en fait un véritable coup d'État qui se prépare. Certains joueurs sont très déterminés, d'autres un peu moins et quelques-uns ne sont pas au courant de ce qu'il se trame réellement, ce qui est mon cas lorsque je pénètre dans le vestiaire. Néanmoins, après quelques minutes, nous décidons à l'unanimité d'organiser un vote susceptible de sceller le sort de Connolly. Alain Elias intervient : « Avant toute chose, ce serait bien d'appeler Max pour lui expliquer ce que vous vous apprêtez à faire. » Alain est une sorte de « *team manager* » très important pour le groupe. Il est capable de régler n'importe quel problème, d'aller chercher un joueur à des heures impossibles du jour ou de la nuit et en toutes circonstances. Un homme essentiel au bon fonctionnement du Stade Français et qui a la confiance de tout le monde, surtout du président.

À peine a-t-il raccroché que Max est déjà dans le vestiaire : « Qu'est-ce qu'il se passe, mes bébés ? Vous avez quelque chose d'important à me dire ? » Après une courte explication car, bien évidemment, il n'ignore pas la situation, il ajoute : « Très bien. Mais, concrètement, comment allez-vous faire pour vous entraîner ? Car je n'ai personne dans mon chapeau pour le remplacer, là, tout de suite ! » Au même moment, il se tourne vers moi :

« Fabien, c'est toi qui vas nous entraîner !

– Euh... OK, mais je ne veux pas faire l'équipe. Il faut trouver un système cohérent et juste pour ne frustrer personne. »

Un jury de sept joueurs est alors désigné par l'ensemble du groupe. Il faut dire que cette situation n'est pas une première au club puisqu'en 2000, année du deuxième titre, Georges Coste a lui aussi subi un putsch, remplacé au pied levé par Fabrice Landreau. Ce dernier, membre du jury, tout comme Hervé Chaffardon et d'autres anciens, va assister Fabien dans sa tâche d'entraîneur intérimaire.

Ce jury se réunit chaque semaine pour constituer l'équipe du week-end à venir. À certains moments, les choix sont vraiment difficiles à faire, comme ce jour où le vote est défavorable à Richard Pool-Jones. Tout le monde est très ennuyé. Moi le premier puisque c'est grâce à lui si je suis venu au Stade Français. Et puis je le connais depuis longtemps (l'université), et il était aussi de l'aventure sud-africaine en 1995.

C'est donc à moi de lui apprendre la nouvelle. Avant le début de notre entraînement à la Faisanderie, je le prends à l'écart : « Richard, ce n'est vraiment pas évident pour moi de t'annoncer ça, mais le jury a voté. Tu n'es pas retenu pour le prochain match... » Après un long silence, il me répond : « Tu vois, Fabien, quand ton entraîneur ne te fait pas jouer, ça n'est pas très grave car tu te dis que tu n'as pas accompli les efforts nécessaires. Tu essaies de te remobiliser pour le coup suivant. Mais, quand c'est un ami qui vient t'annoncer que tu ne joueras pas, tu comprends qu'il est temps d'arrêter le rugby ! » Je me souviendrai toute ma vie de cet instant. Richard, homme de parole, a mis un terme à sa carrière quelques jours plus tard.

Au cours de la séance d'entraînement suivante, je me blesse assez gravement. Pendant l'opposition, sur un regroupement, Sylvain Marconnet me marche dessus malencontreusement et m'ouvre la main en deux, comme un livre ! Quelques points de suture plus tard, nous décidons d'aller manger tous ensemble. Pendant le repas, je sens que ma main est en train de doubler de volume. Indéniablement, il y a un problème. Présent à nos côtés, le docteur Alexis Savigny m'envoie directement aux urgences. Bilan : staphylocoque doré ! Les médecins sont contraints d'opérer pour nettoyer la plaie, ce qui signifie que ma saison est terminée... À trois matchs de la fin des phases qualificatives !

Je deviens donc entraîneur à temps plein. Dans la foulée, on fait match nul à Biarritz, puis à Bourgoin et, malgré un dernier match gagné, on ne sort pas de notre poule. La saison est un échec !

Pour autant, il faut déjà penser à la suite. Cette autogestion ne peut pas durer. Max me consulte et me parle de l'éventualité d'engager Nick Mallett. Le président cherche un fort caractère, un homme de poigne, autoritaire, capable de faire face aux ego surdimensionnés de notre groupe. Je lui confirme que Nick est sans aucun doute l'homme de la situation. Après m'avoir entraîné à False Bay, il a connu le succès en tant que manager des Springboks entre 1997 et 2000 avec, à son actif, une série de 17 victoires consécutives, record absolu encore aujourd'hui ! C'est le profil idéal.

Max entend mes arguments. Il est emballé et embauche Nick. Pour ne pas perdre de temps, Nick va s'appuyer sur mon expérience, mon vécu. Notre passé commun va également nous servir. Et comme, parallèlement au Stade, je suis capitaine de l'équipe de France, j'ai du contenu à lui apporter. Je participe depuis trois ans déjà à l'élaboration de l'animation offensive avec Bernard Laporte et Jacques Brunel. Nous décidons donc de nous en inspirer pour mettre en place le jeu du Stade Français. Par ailleurs, je refuse le capitanat au profit de Bibi Auradou. Max comprend très bien mon choix. D'une part, je ne me sens pas légitime. On ne peut pas dire que la première saison au club plaide en ma faveur. Et puis je ne suis pas un « historique », contrairement à Bibi, qui est une figure emblématique. C'est un leader de vie, de bringue, un gars très apprécié, une condition nécessaire pour exercer le capitanat au milieu de tous ces caractères très affirmés. D'autre part, des joueurs de grand talent signent au club. Brian Liebenberg, Nani Corleto et Stéphane Glas apportent de la vitesse, de la technique et de la puissance à notre ligne de trois-quarts. Devant, le groupe est toujours aussi fort. Je sens très vite que nous avons une équipe taillée pour devenir champions. Même si je ne suis pas venu à Paris pour gagner un titre à tout prix, l'idée de terminer ma carrière sur une belle aventure n'a rien pour me déplaire !

Les premiers matchs renforcent ce sentiment. À Castres, par exemple, où Nani Corleto, que je ne connaissais pas bien jusqu'alors, réalise un festival... de cannes ! L'Argentin aux jambes de feu embrase le terrain et marque entre les poteaux. Liebenberg, dans un style plus puissant, cause des ravages au centre de l'attaque. Diego Dominguez, quant à lui, enquille aux quatre coins du terrain. D'entrée, nous sommes dans une dynamique très positive. Nous n'allons jamais baisser de rythme durant cette saison. Collectivement, nous ne connaîtrons pas de temps faibles.

Le groupe vit bien. J'ai la sensation que nous avons beaucoup de respect les uns envers les autres. Je dirais même une forme d'admiration réciproque. En tout cas, la cohésion du groupe est évidente et ne va cesser de se renforcer au fil du temps. Un épisode majeur va y contribuer grandement : le calendrier des Dieux du Stade.

L'année précédente, Max avait lancé cette idée un peu folle de photographier les joueurs dans leur plus simple appareil. Il fallait quand même oser ce genre de chose, mais c'était sa force ! Grâce à son esprit moderne, il a été à l'origine de nombreuses révolutions culturelles dans notre sport. D'autant qu'il savait être persuasif. Aucun d'entre nous n'a refusé de poser nu. Pourtant, je peux assurer que se retrouver ainsi devant une équipe de sept ou huit personnes, des éclairagistes, des photographes, des maquilleuses... n'a rien d'évident ! C'est même un grand moment de solitude !

Ce calendrier est un immense succès, avec près de 200 000 exemplaires vendus. D'un seul coup, le stade Jean-Bouin est plein à chaque rencontre. Un nouveau public vient chaque semaine, plus féminin, plus jeune. Tout le monde veut voir le « mois de janvier » courir, le « mois de mars » plaquer et le « mois de décembre » marquer. Cet engouement nouveau est formidable et nous booste considérablement ! Parfois, dès le lundi, tous les billets pour le match du week-end à venir sont vendus.

Parallèlement, le monde du rugby, assez conservateur, nous pointe du doigt. Le Stade Français est en rupture avec les codes traditionnels, et cela crée, à mon sens, une forme de jalousie malsaine. Mais cela nous est égal ! Nous nous amusons. Et comme nous gagnons, cela ajoute du crédit à ce que nous faisons en dehors du terrain. Finalement, notre équipe est à l'image de son président : festive, joyeuse et ambitieuse. Après chaque match, Max a l'habitude d'entonner sa chanson préférée : « Je l'ai rencontrée sur le quai de la gare. Je la vois passer le matin et le soir. Ohoho ! Amoureux, je suis amoureux d'elle... » Évidemment, il faut l'imaginer chantée par Max.

Avant d'être cofondateur de la radio NRJ, Max Guazzini a en effet eu une courte carrière de chanteur sous le pseudonyme de Manuel Guazzi. Lancé en 1968 par son amie de toujours, Dalida, et soutenu par le frère de celle-ci, le producteur Orlando, il est ainsi l'auteur de deux quarante-cinq-tours, dont le titre phare Tu peux garder ton sourire *est toujours disponible sur Internet...*

La chanson, c'était son grand truc, et il était capable de tout ! Ainsi, lorsque nous revenions de nos déplacements, Max avait pour habitude de mettre NRJ dans le bus. Il prenait alors son téléphone et appelait la station pour demander au programmateur du soir de passer sa chanson, *notre* chanson : « Amoureux, je suis amoureux d'elle. » Que vouliez-vous que le jeune homme lui dise au bout du fil ? C'était son patron alors il s'exécutait ! Je ne vous raconte pas l'ambiance qu'il y avait dans le bus du Stade Français lors de ces soirées-là... Un régal !

Je dois reconnaître aujourd'hui que, la plupart du temps, c'est nous, les joueurs, qui lui demandions d'appeler la radio car on adorait ces moments de partage avec Max ! Ces instants de magie m'ont parfois rappelé mon expérience en Afrique du Sud, lorsque je jouais pour la Western Province. Certains jours j'avais envie de me pincer, car j'étais en train de vivre une saison de dingue dans ce club !

J'étais motivé comme jamais ! À l'entraînement, je travaille ma passe comme si j'avais 20 ans et que je débutais ma carrière. Je peaufine mon jeu au pied. Je profite de chaque instant. Mine de rien, chaque rencontre me rapproche de la fin... Et un jour, tout semble terminé pour de bon ! En plein milieu de la saison, je rejoins l'équipe de France pour disputer le tournoi et je me luxe l'épaule contre l'Écosse, avec une fracture de l'os en prime ! Dans ce cas précis, il y a deux possibilités : l'opération, ce qui aurait signé la fin de ma carrière, ou alors le coup de poker, ne rien faire, se reposer, faire de la rééducation et espérer que cela passe. Sur les conseils du chirurgien Didier Fontès, qui a pour habitude de prendre en charge ce type de pathologie au club, et en concertation avec Alexis Savigny, le doc de l'équipe, j'opte pour la seconde solution. Fontès me dit : « Je ne t'opère pas. Tu vas aller à Roland-Garros tous les jours et tu vas suivre un programme sur mesure. On va tenter le coup comme ça. Il n'y a plus qu'à croiser les doigts ! »

Je suis à la lettre le protocole mis en place. Tous les jours, je me rends porte d'Auteuil, à deux pas du stade Jean-Bouin, pour me soigner. Sur place, le personnel a l'habitude de ce genre de blessure assez commune chez les joueurs de tennis et, surtout, le matériel nécessaire. Je passe des heures à faire des services avec des élastiques pour me remuscler. Je suis vraiment sur un fil mais, finalement, ça passe même si, aujourd'hui encore, j'ai un bout d'os qui se balade dans mon épaule. C'était un coup à tenter !

De retour sur les terrains, je suis animé par une forte motivation. Je joue chaque match comme si c'était le dernier. À chaque fois, je repousse l'échéance et on continue de gagner. Nous voilà qualifiés pour la demi-finale. Direction Bordeaux, où nous devons affronter le champion en titre, Biarritz. Une grosse équipe qui, l'année précédente, a battu Agen 25-22 après les prolongations sur un drop de Laurent Mazas à la sirène ! Laurent, mon pote de l'université Paul-Sabatier. Heureusement, il n'est plus de la partie cette fois-ci, mais l'équipe demeure malgré tout très forte, avec de jeunes joueurs très talentueux, comme Yachvili ou Brusque, et des vieux briscards rompus aux phases finales, comme Roumat, Gonzalez ou encore Betsen.

Pour ne rien arranger, les trente-sept mille spectateurs présents au stade Jacques-Chaban-Delmas sont acquis à la cause des Basques. Mais nous sommes préparés, presque programmés pour jouer dans ce genre de climat hostile. 9-9 à la mi-temps : le match est accroché mais, durant cette saison, nous avons pris pour habitude de réussir des secondes périodes énormes, et c'est ce qui va encore se passer. Nous marquons deux essais et infligeons 23-0 aux Biarrots en quarante minutes. Qualifiés pour la finale ! Cette victoire nous donne beaucoup de confiance et, pour ne pas déroger à notre bon fonctionnement de l'année et à notre merveilleux état d'esprit, nous fêtons dignement ce succès, avant de basculer dans une autre dimension.

Le 5 juin 2003, nous prenons la route de Chantilly afin de nous mettre au vert et préparer au mieux la finale face à Toulouse. Le « choc des deux stades » comme l'ont baptisé les journalistes. Nous allons vivre deux jours mémorables ! Tout d'abord, Alain Elias a préparé une surprise à l'ensemble de l'équipe : une vidéo d'une heure et demie, un film retraçant nos vies, avec des témoignages d'amour de nos proches, qui n'hésitent pas à raconter des anecdotes sur leur fils, leur frère ou leur mari. Je me souviens ainsi du grand-père de Diego Dominguez, un beau monsieur parlant avec beaucoup de tendresse de son petit-fils sur une musique à vous tirer les larmes ! Mais il n'y avait pas besoin de ça, nous chialions tous depuis une heure déjà ! Cette vidéo nous a beaucoup émus et, en même temps, nous a galvanisés. Oui, c'est ça, elle nous a donné une force incroyable ! J'ai d'ailleurs reproduit cette « cérémonie » avec Montpellier, quelques années plus tard.

À la veille du match, Max Guazzini déclenche, lui aussi, de fortes émotions. Pour notre dernière soirée, nous voyons débarquer tous les anciens du club, les champions de France de 1998 et 2000. Max en a même fait venir certains de l'étranger, comme le Néo-Zélandais Cliff Mytton. Ainsi, chaque joueur reçoit le maillot de la finale de la part de son glorieux aîné. Là encore, nous pleurons beaucoup. Max me remet alors mon dernier maillot du club. Je ressens une très vive émotion. En quelque sorte, ces deux temps forts de notre avant-finale nous permettent d'évacuer la pression de manière positive.

Ensuite, nous passons à table pour partager un repas aux allures de troisième mi-temps. Cela ressemble à un énorme banquet, où nous chantons et rions beaucoup, fidèles à nous-mêmes. En revanche, que les choses soient claires, personne ne boit, excepté ceux qui ne sont pas inscrits sur la feuille de match. En tout cas, ce dîner nous ressemble !

À la nuit tombée, dans la chambre que je partage avec Diego Dominguez, la lumière est restée longtemps allumée. Comme des collégiens à la veille de leurs examens, nous nous questionnons sur les choix à adopter selon les situations de jeu que nous avons recensées et collectées tout au long de la saison dans nos petits cahiers qui ne nous quittent jamais. Nous sommes tous deux extrêmement perfectionnistes et pouvons ainsi rester des heures à pinailler sur des petits détails qui, souvent, font les grandes différences. Nous sommes les dépositaires du jeu de notre équipe et avons conscience des responsabilités à venir...

Quelques heures plus tard, je foule enfin la pelouse

du Stade de France pour disputer une finale qui s'est refusée à moi jusque-là. Au moment de nous aligner face à la tribune officielle et de serrer la main du président, je ne ressens aucune émotion particulière. J'ai 34 ans, c'est mon dernier match de championnat. J'ai un gros vécu derrière moi et je dispute cette finale avec le Stade Français, le club où j'évolue depuis deux ans seulement. Je pense que je n'aurais pas ressenti la même chose avec Colomiers, trois ans auparavant. Mais là, c'est différent. Je me sens bien, apaisé. Je n'ai aucune nostalgie. Ce sont d'ailleurs des moments où il ne faut pas gamberger en repensant au passé, sinon on y laisse trop d'énergie et ce n'est pas bon. Je suis calme et je chante dans ma tête un titre de Gainsbourg, « Mon légionnaire ». Je fredonne : « Il était mince, il était beau. Il sentait bon le sable chaud, mon légionnaire. » Je ne sais pas pourquoi cette chanson plutôt qu'une autre mais, à ce moment précis, c'est cette mélodie qui me vient à l'esprit. Je suis dans mon trip !

Ensuite, tout va très vite. Première mêlée du match, Fred Michalak me marche sur les pieds au moment de l'introduction. Sans doute a-t-il envie de me montrer qu'il représente l'avenir et que je ne suis qu'un vieux machin que l'on va bientôt ranger au fond d'une armoire. Mais c'est une erreur de sa part car, comme en 1999 avec Kelleher, ça me motive encore plus.

Première touche du match, c'est moi qui fais les annonces. Je choisis une combinaison autour de

Patrick Tabacco, mais on se fait contrer par Jean Bouilhou. Je m'excuse auprès de mes partenaires. Premier ballon dans le jeu courant, je suis pris au sol et sanctionné par l'arbitre. Là encore, je plaide coupable mais, malgré tout, je suis serein alors que nous ne jouons pas bien et que Toulouse mène 15-9. Et puis, juste avant la mi-temps, je ramasse un ballon après une grosse séquence de nos avants, et ça s'ouvre devant moi. Je marque ! Benoît August, notre talonneur, court dans l'en-but pour me féliciter et me saute dessus. Je lui file un énorme coup de boule et lui casse le nez, car je suis énervé, dans un état second, limite « con » ! Benoît vient fêter cet essai, mais je n'ai pas envie de le célébrer, ce n'est pas le moment ! Je vais m'en excuser quelques minutes plus tard aux vestiaires.

Pour le reste, on déroule en seconde période, comme nous l'avons fait tout au long de la saison. Je me souviens du deuxième essai dans les moindres détails. Touche, alignement complet. Déviation, je prends le ballon, feinte la passe et sers Thomas Lombard. Sur le regroupement qui suit, je transmets à Liebenberg, qui tape par-dessus pour lui-même, récupère le ballon et progresse jusqu'à 5 mètres de la ligne toulousaine. Je ramasse la balle et m'échappe autour. Je crois passer, mais je suis repris par une cuillère... Je me relève et envoie une longue passe sautée sur Nani Corleto, qui n'a plus qu'à allonger la foulée pour marquer. 32-18, le match est plié et je cède ma place à Jérôme Fillol à cinq minutes de la fin. Je sais qu'il y a tout un jeu médiatique autour de moi, de ma dernière, et j'ai envie d'être tranquille. Il n'y a qu'un endroit où je suis certain de me retrouver seul, c'est le vestiaire, encore une fois, comme en 1999. Je prends le tunnel, arrive devant la porte et demande une cigarette au responsable de la sécurité que je connais bien puisqu'il est toujours au Stade de France. Il me sort une Marlboro rouge. Je pénètre dans le vestiaire vide, m'assieds sur le banc, m'allume cette clope et m'effondre. D'un seul coup, tout défile dans ma tête. Tournefeuille, mes années poussins avec mon père, mon arrivée à Colomiers, mes éducateurs, Éric Béchu, José Osès, Jacques Brunel, mes copains Jean-Luc Sadourny, Hervé Couffignal, Stéphane Peysson, Henri Nart, Dal Pos. Je lâche tout… C'est un moment qui m'appartient, je savoure à ma façon.

Au bout de quelques minutes, je retourne dans la « fosse aux lions » et je me sais attendu.

Le match étant codiffusé par Canal+ et France Télévisions, les journalistes présents au bord du terrain pour récolter les premières impressions sont exceptionnellement au nombre de quatre les soirs de finale. J'en fais partie. L'enjeu est effectivement de recueillir les premiers mots de Fabien Galthié, en « exclusivité » comme on dit dans notre métier. Je ne le lâche pas d'une semelle et obtiens sa première réaction, lapidaire !

C'est marrant car, à cet instant, on se croise, c'est vrai ! Toi, tu débutes à l'antenne et, moi, je termine ma carrière sur un titre de champion. Mais je ne suis pas là pour vous ! Je ne suis pas dans une posture de témoignage. Je suis là avant tout pour moi, mes copains du Stade Français et ma famille présente dans l'enceinte. Je les retrouve d'ailleurs dans un coin. Je revois mon père et ma mère me saluer, mon frère s'extirper de la foule et sauter la barrière pour venir me faire une bise avant de repartir aussi sec. Ma femme est là également. C'est une fin rêvée pour un joueur de rugby ! Ce bouclier de Brennus que je pensais conquérir un jour avec Colomiers s'offre enfin à moi, à 34 ans ! Je n'aime pas le triomphe mais, à ce moment-là, j'ai envie de le toucher le plus vite possible.

Au moment de gravir les marches, j'ai une dernière requête à formuler à Bibi Auradou :

« Bibi, tu peux me laisser passer devant, s'il te plaît ? J'aimerais le toucher en premier et, si c'est possible, le soulever avec toi.

– Pas de problème, Fabien. Grimpe, vas-y ! » me dit gentiment mon capitaine.

En montant vers le bouclier, j'aperçois Michel Bendichou. Lorsque je passe à côté de lui, je sens qu'il me touche l'épaule. Nos derniers échanges avaient été un peu tendus lors de mon départ pour Paris, alors ce petit geste veut dire beaucoup. La suite, cela ne s'explique pas vraiment. On ne peut pas tout verbaliser. Ça a été très, très fort ! C'était tellement bon…

On a célébré l'événement toute la nuit. Avec Nick Mallett, nous nous sommes même fait un gros « câlin » au moment de quitter le stade ; pourtant, je suis pudique, et lui est un Afrikaner pur jus ! Mais c'était une bonne manière de nous dire que nous avions fait du bon boulot. Ensuite, nous avons pris la direction de la mairie de Paris, où Max avait organisé une soirée avec les anciens et les partenaires du club. Finalement, nous avons terminé la nuit dans le restaurant de Pieter de Villiers et Sylvain Marconnet, au siège du club. Cette célébration du titre a été assez intense mais aussi très frustrante pour une grande majorité des joueurs, car nous devions partir le lendemain en tournée avec l'équipe de France, comme c'est souvent le cas après une finale de championnat. En fait, c'est comme quand tu te maries : tu vas à l'église, tu offres le vin d'honneur et, après, il est déjà l'heure de rentrer à la maison !

Au petit matin, au moment de quitter mes partenaires, je me suis dit qu'en arrivant dans ce club, Paris n'était qu'une destination. Je n'avais pas eu le choix de l'endroit où j'allais terminer ma carrière, mais finalement, c'était la bonne destination, la plus belle ! Un dernier pari gagnant !

Environ deux semaines après son retour d'Argentine, Fabien, comme le veut la coutume dans le rugby, gardera le bouclier de Brennus pendant une semaine. Il en profitera pour le ramener à Montgesty, dans le Lot. Un moment symbolique et très fort. L'ultime partage d'un titre gagné à la dernière seconde de sa vie de joueur avec le reste de sa famille, dans son village natal…

5
« C'était bien »

> « Dans toute existence, on note une date où bifurque la destinée, soit vers une catastrophe, soit vers le succès. »
>
> La Rochefoucauld

A-t-on toujours la fin que l'on mérite ? Vaste question ! Fabien Galthié a 34 ans lorsqu'il débarque en Australie, en septembre 2003, pour participer à sa quatrième et dernière Coupe du monde. Contrairement aux précédentes éditions, il est un titulaire indiscutable et le capitaine d'une équipe de France qui nourrit de grandes ambitions. Un an plus tôt, il a été désigné meilleur joueur du monde par l'IRB (International Rugby Board). Secrètement, il espère donc terminer son aventure en bleu sur un sacre collectif ! Cette Coupe du monde doit être l'apogée de sa carrière ! Il va en être bien autrement...

En débarquant en Australie, je sais que la fin est proche. L'heure de ma dernière épopée en bleu a sonné, et je ne veux rien regretter. La vie m'a gâté, j'en ai bien conscience. Mais, évidemment, j'en veux plus. Dans cette optique, j'ai mis tous les moyens de mon côté. Physiquement, je suis au sommet de ma forme, malgré le poids des années, et ma dimension dans le paysage du rugby mondial a changé avec ce titre de meilleur joueur de la planète. Depuis quatre ans, j'enchaîne de très bonnes saisons en club et en équipe de France. Je ne pensais d'ailleurs pas aller aussi loin avec les Bleus. Mentalement, je suis neuf! Je ne ressens aucune pression négative, contrairement aux précédentes Coupes du monde, où je n'étais pas toujours désiré par mes entraîneurs. Et puis, philosophiquement, j'aime cette idée de disputer cette compétition dans la peau d'un amateur, un clin d'œil du destin en quelque sorte. La symbolique est forte pour moi qui ai traversé le temps et assisté à l'évolution fulgurante de mon sport et à sa professionnalisation.

Après mon titre de champion de France avec le Stade Français, j'ai décidé, quoi qu'il advienne, de ne pas prolonger l'aventure à l'issue de la finale. Du coup, je me retrouve sans contrat de travail et dans l'obligation de prendre une licence amateur pour être, avant tout, couvert par les assurances en cas de blessure. Devenir champion du monde constitue mon but ultime. Cette idée m'obsède, et j'ai l'intime conviction que nous avons les joueurs pour y parvenir. Avec le sélectionneur Bernard Laporte, nous fonctionnons main dans la main. La stratégie de l'équipe est nouvelle. Nous avons une véritable organisation collective, qui doit nous permettre de battre n'importe quelle nation. C'est dans ce contexte que débute, à Brisbane, notre « mission 003 » : champions du monde à la vie à la mort ! Mais avant de vous raconter ma dernière vie en bleu, un retour en arrière s'impose.

En décembre 1999, Bernard Laporte me rend visite à Colomiers. Depuis quelques semaines, il est le nouveau sélectionneur français et fait le tour des joueurs pour prendre la température et présenter son projet. Au moment de notre rencontre, je ne sais vraiment pas à quoi m'attendre. Nous ne nous connaissons pas beaucoup. Les seules fois où nous nous sommes croisés, ça ne s'est pas très bien passé. Lorsqu'il jouait à Bordeaux-Bègles à la mêlée, nous nous étions pas mal accrochés sur le terrain. Certains face-à-face avaient été très tendus, à la limite de la bagarre… Alors je m'attends à tout.

« Salut, Fabien ! J'aimerais que tu sois l'un des piliers de mon projet avec l'équipe de France. Je compte m'appuyer sur toi pendant mon mandat. Après avoir hésité entre toi et Fabien Pelous, je souhaiterais que tu deviennes mon capitaine.

– Cette proposition me touche mais, tu sais, Bernard, j'ai 30 ans et je ne sais pas si je vais aller au bout du chemin. Je veux bien t'aider à bâtir tant que je le peux, mais je pense que Fabien, qui a quatre ans de moins que moi, est plus à même d'être capitaine. En revanche, élaborer à tes côtés le jeu que tu souhaites mettre en place m'intéresse beaucoup.

– Très bien, je respecte ton choix. Je compte donc sur ton implication totale pour nous tirer vers le haut. »

Une collaboration étroite et intelligente va alors se mettre en place et nous permettre de mieux nous connaître. Très vite, Jacques Brunel, que j'avais eu comme entraîneur à Colomiers et que j'adorais, entre dans la boucle pour s'occuper des avants. Je vais dès lors tout leur donner. Tout ce que je sais et ce que j'ai appris.

Pour comprendre la raison pour laquelle Bernard m'a autant fait confiance, il faut rappeler qu'en France, le demi de mêlée est au centre du jeu. C'est l'animateur, celui qui colle au ballon, donne le tempo et distribue. Le numéro neuf décide de ralentir ou d'accélérer le jeu. Quand vous avez un joueur qui touche quatre-vingt-dix fois la balle dans un match et qui bonifie les quatre-vingt-dix situations, son influence devient énorme. S'il n'y parvient pas, alors il est un frein pour l'équipe. Inévitablement, vu mon poste, mon vécu et ma culture, je me suis souvent penché sur le jeu et ses rouages. Il était donc temps pour moi de mettre tout ça en application et au service de mes entraîneurs.

À la lecture de cette analyse, il est bon de rappeler qu'avant Bernard Laporte, deux illustres demis de mêlée ont été sélectionneurs des Bleus : Jacques Fouroux et

Pierre Berbizier. Naturellement au centre de la vie de l'équipe, le numéro neuf est par essence un leader dans un groupe.

Au départ, je n'en étais pas un mais, par la force des choses, je le suis devenu. Grâce à mes connaissances aussi. C'est sans doute pour ces mêmes raisons que j'ai parfois eu des problèmes avec mes anciens sélectionneurs. J'avais des avis tranchés, partagés ou pas, et je ne m'embarrassais pas pour dire ce que je pensais. Avec Bernard, c'était différent. Il a eu cette intelligence en m'embarquant avec lui dans son projet, en s'appuyant sur moi. Parfois, j'en arrivais à me dire : C'est fou ce qu'il peut me faire confiance !

Dans le même temps, et pour la première fois de ma carrière, je me sens véritablement légitime dans ce nouveau rôle. J'arrive à maturité, mon leadership est beaucoup plus affirmé que par le passé, et je suis tout simplement meilleur sur le terrain. L'ère Laporte qui s'ouvre est un bouleversement par rapport à ce que j'ai connu auparavant. Son approche est plus moderne, son mode de management très expressif et imagé. Laporte, à ce moment-là, incarne un nouveau discours, avec une gouaille incroyable ! La préparation technique des matchs est aussi révolutionnaire. Pour la première rencontre du tournoi contre les Gallois en 2000, il nous donne des cassettes pour étudier le jeu de nos adversaires et mettre ainsi en place une animation offensive adéquate. Cette implication demandée aux joueurs pour élaborer les systèmes de jeu constitue une nouveauté et permet ainsi de responsabiliser le groupe. Le résultat à Cardiff est sans appel : victoire éclatante 36 à 3 ! L'équipe de France est sur un nuage.

Au-delà du changement apporté par Bernard, notre génération surfe incontestablement sur cette formidable épopée vécue en Coupe du monde quelques mois plus tôt. Mais cet état de grâce ne va pas durer longtemps. Nous perdons le match suivant au Stade de France, 15 à 9 contre les Anglais. Je sors alors du groupe à cause d'une pubalgie. La suite du tournoi va être très moyenne : une victoire contre l'Écosse à Murrayfield, puis une nouvelle défaite à domicile contre l'Irlande (25 à 27). La dernière rencontre face à l'Italie à Saint-Denis est un peu le symbole de notre compétition : un match moyen et peu convaincant. Pour sa première participation dans le tournoi, l'Italie nous accroche et s'incline de peu (42 à 31).

Pour Bernard, ce n'est pas un bon début de mandat. Il a récupéré une équipe vice-championne du monde et termine à la troisième place du tournoi, avec deux défaites à la maison ! Il va alors déstabiliser un peu l'équilibre que nous avions trouvé en fin de Coupe du monde. Des cadres comme Bernat-Salles ou Ibanez, par exemple, ne vont pas être épargnés. Et ils ne seront pas les seuls... Pour ma part, je passe au travers des gouttes. Pourtant, jusque-là, on ne m'a jamais fait de cadeau en équipe de France. Mais, désormais, je suis devenu le soldat de base de mes entraîneurs, et ils m'accordent une confiance totale. Je me dois donc de leur rendre la pareille !

Je m'y emploie dès la tournée de novembre. Pour la réception des champions du monde australiens à Saint-Denis, j'ai la sensation d'être exemplaire dans mon engagement sur le terrain. Mon essai au Stade de France ne change pourtant pas le sort du match : défaite 18 à 13. L'équipe manque de repères, malgré mes efforts et ceux de joueurs cadres comme Fabien Pelous, Titou Lamaison ou encore Christian Califano. Nous sommes dans le dur et nous nous apprêtons à recevoir les All Blacks à Marseille. Pour la première fois, le Stade Vélodrome va accueillir un match de rugby international. C'est une grande nouveauté pour nous qui avons nos petites habitudes : la préparation au château Ricard, la veille de match passée dans un grand hôtel parisien, tout ça… Là, il nous faut changer notre approche, et Bernard décide de préparer cette rencontre à Aix-en-Provence pour que nous soyons un peu tranquilles.

Le jour du match, nous montons dans le bus et sous-estimons la durée du trajet pour rallier le Stade Vélodrome. Le trafic est dense, ça ne roule pas ! Le temps passe et l'inquiétude monte. Le coup d'envoi est prévu à 20 h 30 et voilà que l'horloge du bus affiche déjà 19 h 30… D'habitude, à cette heure-là, nous sommes déjà à l'échauffement sur le terrain à nous « envoyer » dans les sacs de plaquage. Et nous ne sommes pas au bout de nos peines ! À cinquante minutes du coup d'envoi, nous arrivons enfin devant la foire-exposition de Marseille où se situe le stade. J'observe le chauffeur du bus avec attention. À l'évidence, ce dernier n'est pas du coin. Sur son visage perlent quelques gouttes, et je me dis alors qu'il a vraiment intérêt à être sûr de son coup car Bernard pourrait très bien péter les plombs ! Quelques secondes plus tard, nous arrivons enfin derrière le Vélodrome. Le bus s'engage dans une légère descente et s'immobilise devant une porte dérobée. C'est étrange mais, au fond, c'est peut-être la fameuse « entrée des artistes ». Marseille est en effet une ville bouillante, folle de foot et de l'OM. Cela nécessite donc peut-être quelques précautions et subterfuges pour tromper les plus fidèles supporters...

Nous descendons du bus, attrapons nos sacs à toute vitesse et poussons la porte. Surprise ! Nous entrons dans un gigantesque hall qui fait office de salle de réception pour les clients de la Société Générale. Il y a là une bonne centaine d'invités, estomaqués de nous voir débarquer en survêtement à quelques minutes d'un France-All Blacks. *Standing ovation !* Les bougres, ils pensent sans doute que nous sommes venus à la demande de notre partenaire historique mais, en réalité, nous sommes perdus ! Je jette un coup d'œil à ma montre, il ne reste plus que quarante minutes. Furieux, Bernard nous ordonne de remonter dans le bus. Tous aux abris ! Le chauffeur va en prendre pour son grade... C'est maintenant une flaque d'eau qui gît à ses pieds ! C'est la panique générale !

19 h 58 : « Chauffeur, si t'es champion, appuie sur le champignon ! » Je plaisante, personne n'a évidemment le cœur à chanter, mais le conducteur trouve enfin le bon accès. Nouvelle descente du bus au pas de course, direction les vestiaires. À peine le temps de faire tomber le survêtement. Maintenant, il faut aller vite et improviser. Bien entendu, inutile de songer à nous échauffer, comme nous en avons l'habitude. Il est 20 h 06, l'heure du grand n'importe quoi ! Nous courons partout comme des poulets sans tête. En face, les Blacks sont dans leur routine, tranquilles, un peu surpris de nous voir débarquer aussi tard sur le terrain. Ils sont fous, ces Gaulois ! doivent-ils se dire. Après dix minutes de désordre général, je m'approche du capitaine Pelous.

« Fabien, j'ai déjà vu à Gloucester, en Angleterre, un truc qui pourrait nous aider. Avant les matchs, les joueurs font le tour du terrain et passent devant chaque groupe de supporters pour les saluer et prendre de l'énergie. Et si on faisait ça ?

– C'est une excellente idée. Feu ! »

Nous nous regroupons et entamons le tour du Vélodrome. Un instant magique ! Le public est en transe, hurle, chante. Une ambiance extraordinaire règne dans ce stade habitué aux grandes heures du football. Le XV de France est salué comme il se doit pour sa première « représentation » à Marseille. Cela nous porte et nous procure une force incroyable. En rentrant aux vestiaires, nous sommes chauds bouillants ! Et, au bout d'un quart d'heure de jeu, nous menons 17-0. Deux essais de Garbajosa et Magne. Du délire ! Évidemment, les Blacks réagissent en marquant trois essais en vingt minutes. Ce match est fou ! Il ressemble comme deux gouttes d'eau à la demi-finale de Coupe du monde disputée un an plus tôt à Twickenham. À la mi-temps, nous menons toujours, mais de deux points seulement : 26-24. Puis les Néo-Zélandais reprennent les commandes jusqu'à mon essai à la 65e minute. Nous ne lâcherons plus. Victoire 42-33. Quelle soirée, mes amis !

La saison internationale débute de la meilleure des manières, mais cela ne va pas durer. Après un nouveau Tournoi des Six Nations raté en 2001 avec trois défaites à la clé, Bernard va prendre des décisions lourdes de sens et ne va pas me laisser le choix. Un matin, en lisant la presse, j'apprends en effet avec surprise que je suis désigné nouveau capitaine de l'équipe de France pour la tournée qui se profile dans l'hémisphère Sud ! Il y a une logique à cela, mais je me dis que ce n'est vraiment pas un cadeau, car l'équipe est en pleine mutation. Les coachs sont en train de changer le groupe en profondeur et, par expérience, je sais pertinemment que ce genre de tournée peut s'avérer extrêmement périlleux. Aller défier l'Afrique du Sud et la Nouvelle-Zélande, deux des meilleures nations du monde, avec un tas de jeunes dans les valises peut très rapidement tourner au fiasco.

Le destin me rattrape ! Je deviens officiellement

capitaine de l'équipe de France précisément là où j'ai vécu, six ans plus tôt, l'une des expériences les plus enrichissantes de ma vie. Il existe indéniablement un lien entre mon parcours en bleu et ce capitanat ! Nous préparons le premier test-match au Cap, à Sea Point, sur mon ancien terrain d'entraînement. Nous logeons à Camps Bay, où j'ai séjourné pendant six mois en 1995. Je me sens un peu chez moi. Ce contexte favorise ma « prise de pouvoir ». Je deviens le guide de l'équipe, au propre comme au figuré.

Le mercredi précédant le premier match, je décide d'organiser le repas du capitaine dans la baie de Table Mountain. Cela deviendra un rituel tout au long de mon capitanat. C'est une façon comme une autre de créer du lien entre anciens et nouveaux, et je me dis qu'ainsi, je tiens peut-être le « cap des bonnes espérances ». Mais de là à imaginer qu'on peut faire un coup… Comment l'expliquer ? Sur le papier, nous ne sommes pas favoris, loin de là ! Des novices comme David Skrela, Yannick Jauzion et Nicolas Jeanjean vont connaître leur baptême du feu en bleu. Gérald Merceron, qui a peu d'expérience sur la scène internationale, est quant à lui bombardé ouvreur. A priori, nous sommes des victimes idéales pour les Golgoths Springboks ! D'ailleurs, nous avons tous peur de prendre une raclée. Mais, c'est bien connu, nous ne sommes jamais aussi forts que lorsque nous nous trouvons dans cette situation. Et puis, je dois bien avouer qu'il y a des gars sacrément courageux (pour ne pas dire autre chose !) dans cette équipe. Ajoutez à cela une grosse dose de talent et vous obtenez le mélange idéal pour l'une des victoires marquantes de l'ère Laporte ! Un acte fondateur pour la suite.

Ce 16 juin, au moment de pénétrer dans l'Ellis Park de Johannesburg, je retiens l'équipe dans le tunnel afin de laisser Pieter de Villiers fouler la pelouse en premier. C'est un jour particulier pour lui, puisqu'il revient dans son pays d'origine. Il est important pour moi de lui offrir ce moment, car Pieter est vraiment quelqu'un de bien, et toute sa famille est venue l'encourager. Malgré un début de match catastrophique et un essai de Paulse dès la première minute, l'équipe réagit vite et fait preuve de beaucoup de caractère. Dominici marque un essai, et tout s'enclenche. Gérald Merceron réalise un match énorme, peut-être le meilleur de sa carrière en équipe de France, et inscrit 27 des 32 points de la victoire, avec un bel essai à la clé.

À deux ans de la Coupe du monde, cette victoire est pleine de promesses. Après cinq rencontres consécutives sans succès contre les Bocks, la France stoppe enfin l'hémorragie. Par ailleurs, les matchs gagnés en terre sud-africaine se comptaient jusque-là sur les doigts d'une main : quatre en quasiment un siècle de rencontres internationales. Une semaine plus tard, au cours d'un match d'une rare violence, la France s'incline 20 à 15 à Durban et perd son dernier match en Nouvelle-Zélande, 37 à 12. Malgré tout, c'est une tournée encourageante.

J'y ai laissé mon nez ! Au passage, je ne remercie pas Mark Andrews, deuxième ligne, boucher de son état, qui m'a fracassé la tête lors du premier test. Ni lui ni l'un de mes bons copains de l'époque : un médecin de l'hôpital Purpan à Toulouse, dont je tairai le nom et qui s'était proposé pour m'opérer. Un conseil : ne faites jamais ça ! Je ne sais d'ailleurs pas ce qu'il m'a vraiment fait, sans doute pas grand-chose, car lorsque j'ai retiré mon masque après l'opération, c'était pire qu'avant ! J'en rigole aujourd'hui, mais j'en garde des séquelles importantes.

Bref, on retrouve nos « amis » sud-africains en France en novembre et, rebelote, on s'impose 20 à 10 grâce à un essai de Raphaël Ibanez en fin de match. Des jeunes très talentueux ont intégré l'équipe. Michalak, Poitrenaud, Rougerie ou encore Tony Marsh apportent un souffle nouveau. La mayonnaise prend bien, et nous commençons cette tournée automnale avec le plein de confiance.

Une semaine plus tard, à Marseille, nous rencontrons l'Australie, championne du monde en titre et véritable bête noire du rugby français. Depuis 1993 et une victoire à Bordeaux, plus aucune équipe de France n'est en effet parvenue à s'imposer contre les Wallabies. Dans nos rangs, nous sommes encore quelques-uns à avoir gardé en travers de la gorge la défaite en finale de Coupe du monde, deux ans auparavant. Dans un Stade Vélodrome en ébullition, nous sortons le grand jeu : 14 à 3 après cinquante minutes et un essai de Tony Marsh. La dernière demi-heure est poussive, mais nous tenons bon et, finalement, remportons ce match 14 à 13. Une joie intense pour tout le groupe et, à titre personnel, le début d'une semaine merveilleuse ! En rentrant aux vestiaires, je saute sur mon téléphone, car ma femme et moi attendions un heureux événement. Message : « Tu as un avion demain matin à 7 heures. Stop. Rejoins-moi à la clinique dans le XIVe. Stop. Peut-être que tu arriveras à l'heure. Stop. » Je ne me suis pas couché ! J'ai fait la bringue toute la nuit, j'ai annoncé à Bernard que je quittais le groupe pour quelques jours afin d'être auprès de ma femme et de mon enfant, puis j'ai sauté dans l'avion. Je suis arrivé à la clinique à 9 heures. Mathis est né à 9 h 15. C'était comme s'il m'avait attendu ! Je suis resté deux jours à Paris. Je marchais sur l'eau...

Je retrouve ensuite l'équipe à Saint-Étienne pour le dernier match contre les Fidji. Nous leur mettons une fessée : 77-10. En l'espace d'une année, nous venons de battre les trois références mondiales : les All Blacks, l'Australie et l'Afrique du Sud. Cela faisait bien longtemps que ça n'était plus arrivé au rugby français. Forts de ce constat, nous abordons le tournoi avec la ferme intention de réaliser le Grand Chelem. Les années paires sont traditionnellement propices à un excellent parcours, dans la mesure où trois matchs se déroulent à domicile, et je sens que cette année 2002 peut être un grand millésime. À un an de la Coupe du monde, c'est une bonne occasion de marquer notre territoire. Pour tous les joueurs concernés par la préparation du « Six Nations », c'est aussi l'opportunité de se rendre indispensables et de s'inscrire dans l'aventure du Mondial.

Quelques jours avant le premier match contre l'Italie, j'arrive blessé au rassemblement. Je traîne depuis quelques jours déjà une entorse du genou. Je suis abattu, car j'ai conscience des enjeux et je ne connais pas encore exactement la durée de mon indisponibilité. Logiquement, je quitte le groupe et ne participe pas à la première rencontre. Cette entrée en matière est inquiétante. Comme souvent, le premier match est mal maîtrisé pour deux raisons : l'intégration de nouveaux joueurs et le manque de temps de préparation. Devant mon poste de télévision, je constate les failles affichées par mes partenaires. Tout le monde se souvient d'ailleurs du fameux coup de gueule de Bernard à la mi-temps : « Qu'est-ce que vous voulez que je vous dise ? Vous voulez qu'on parle de quoi ? On n'a rien fait, rien ! Alors, maintenant, il ne faut plus commettre de faute. Pas de faute, pas de faute, pas de faute ! » Malgré une prestation peu aboutie, les Bleus assurent l'essentiel en s'imposant 33-12.

Je les retrouve pour préparer le match face aux Gallois, mais je suis encore trop juste pour espérer postuler dans le groupe. Je ronge une nouvelle fois mon frein dans mon coin et assiste en simple spectateur à la courte mais précieuse victoire à Cardiff. Je profite du break habituel de quinze jours entre le deuxième et le troisième match dans le tournoi pour me refaire définitivement la cerise. Je dispute une rencontre de championnat à Dax avec mon équipe du Stade Français. Physiquement, ça tient et c'est le principal ! Pour le reste, je ne suis pas vraiment dans le rythme, mais Bernard me rappelle tout de même, car je suis son capitaine. Après tout, il n'a pas besoin que je fasse un super match pour me réintégrer, d'autant qu'il compte sur mon leadership pour préparer la réception de l'Angleterre.

Comme souvent, le Crunch est le gros morceau, le moment crucial du tournoi. Cette année peut-être plus encore. Le XV de la Rose survole la compétition et est tenant du titre depuis deux saisons. Un ange blond au pied d'or guide un paquet d'avants impressionnants. Jonny Wilkinson est l'arme fatale, le facteur X, et nous nous attendons à livrer une farouche bataille contre notre meilleur ennemi. De notre côté, nous ne manquons pas de talents non plus. Des révélations comme Imanol Harinordoquy et Aurélien Rougerie se sont fait une place au soleil dans une équipe très expérimentée, avec les Pelous, Ibanez, Betsen et consorts. Tony Marsh se révèle petit à petit, et Gérald Merceron réalise, sans l'ombre d'un doute, la meilleure saison de sa carrière. J'admire vraiment tous les joueurs qui composent ce groupe.

D'ailleurs, je me souviens précisément d'un épisode de ce Crunch. Serge Betsen reçoit un ballon extrêmement difficile à gérer au sol. En une fraction de seconde, il se couche dessus, se relève et me propose le cuir. J'ai juste le temps de me dire : Oh ! C'est beau ce qu'il est en train de faire ! C'est un sentiment rare ! J'ai cette impression d'avoir le temps de regarder mes coéquipiers réaliser des trucs incroyables sur le terrain en même temps que je joue. Cette équipe a quelque chose en plus ! Par ailleurs, nous avons beaucoup de respect les uns pour les autres. Nous partageons une histoire commune pour les plus anciens, et les jeunes font preuve d'un talent sans équivalent. Ce jour-là, la faucheuse Betsen écœure Wilkinson. Harinordoquy, quant à lui, survole les débats en troisième ligne, et Merceron joue une partition parfaite à l'ouverture. Grâce aux essais des deux derniers cités, nous sortons vainqueurs de la finale avant l'heure de ce tournoi 2002. La suite n'est qu'une formalité : tout d'abord, une victoire tranquille à Murrayfield face à l'Écosse, puis une démonstration contre l'Irlande (44-5) pour conclure l'affaire dans notre jardin du Stade de France.

Ce match est spécial pour moi, car nous venons de vivre une semaine particulière, la dernière au château Ricard. J'adore cet endroit, j'en connais les moindres recoins et tout le « personnel de maison ». J'y évolue depuis mes débuts en équipe de France en 1991. Ce sont onze ans de ma vie en bleu que je quitte, et cela me touche énormément. Je me souviendrai toute ma vie de notre départ du château, la veille du match, pour notre mise au vert à Paris. Tout le personnel est présent sur le parvis pour nous dire adieu. Derrière les vitres du bus, mon regard ne les quitte pas jusqu'au dernier moment, jusqu'à ce qu'ils sortent de mon champ de vision. Ils sont beaux dans leurs tenues noir et blanc. C'était la classe, le château Ricard, l'élégance, le raffinement à la française, mais cette époque est révolue !

La Fédération française de rugby a en effet décidé en 1998 de se doter d'un outil moderne et performant répondant aux besoins des différents acteurs du rugby français. C'est ainsi que le Centre national de rugby de Marcoussis, sur le domaine de Bellejame, à 26 kilomètres au sud de Paris, a été créé puis inauguré en novembre 2002.

Avec ce septième Grand Chelem du rugby français, nous sommes lancés. À tel point que nous allons signer une série de huit victoires consécutives (record à battre) et terminer la saison internationale au premier rang mondial au classement IRB, une première dans l'histoire. 2002 est aussi une année faste sur un plan personnel, puisque je suis désigné meilleur joueur du monde. Là encore, c'est une première pour un joueur tricolore. J'éprouve alors un drôle de sentiment car, évidemment, c'est une forme de consécration ultime, mais également une distinction qui ne se partage pas. Ni avec ses proches, ni avec ses partenaires. Et pourtant, je leur dois tant ! Je vis donc cela avec beaucoup de détachement même si être élu par ses pairs fait toujours du bien à l'ego. Au passage, cette année-là, un jeune joueur est désigné meilleur espoir : c'est Richie McCaw.

En novembre, nous restons invaincus en battant pour la deuxième fois d'affilée l'Afrique du Sud (30-10), en obtenant un bon match nul contre les All Blacks (20-20), puis en bouclant notre tournée d'automne sur un large succès contre le Canada. De toute évidence, le fameux « fossé » entre le rugby du Sud et du Nord se comble petit à petit. Bernard peut se réjouir d'obtenir des résultats probants contre les nations majeures du rugby mondial. La troisième année de son mandat lui apporte donc des garanties certaines et lui permet d'envisager la suite sereinement.

Pour autant, les derniers mois avant la Coupe du monde ne sont pas une franche réussite : une troisième place dans le tournoi, avec deux défaites contre l'Angleterre et l'Irlande ; une tournée d'été complètement manquée, marquée par une défaite contre les Blacks et deux face à l'Argentine. En réalité, quelques événements extra-sportifs ont affaibli l'équipe depuis mars. Tout d'abord, Tony Marsh lutte contre un cancer des testicules et tarde à retrouver son niveau. Or, il est une pièce maîtresse de notre jeu, tout comme Gérald Merceron qui perd confiance en lui depuis quelques mois. Et pour couronner le tout, avant de nous envoler pour l'Australie, nous perdons sur blessure Pieter de Villiers, qui se luxe l'épaule avec arrachement des ligaments lors de notre stage à Val-d'Isère. Une chute en VTT nous prive de notre meilleur pilier droit. Cela commence à faire vraiment beaucoup ! Malgré tout, nous réussissons nos deux premiers matchs de préparation à la Coupe du monde : une victoire facile contre la Roumanie, puis un court mais précieux succès sur l'Angleterre à Marseille (17-16). Le Vélodrome me réussit vraiment bien, puisque c'est ma quatrième victoire en autant de matchs. Mais, une semaine plus tard, le XV de la Rose se venge et inflige une déculottée à une équipe de France *bis* à Twickenham (45-14). Rien ne va plus, faites vos jeux !

Paradoxalement, la confiance de l'équipe n'est pas entamée par ces résultats en dents de scie. Le temps joue pour nous, et il en reste beaucoup devant nous. La compétition est longue et, pour un capitaine, c'est un paramètre important à prendre en compte. Il ne faut pas négliger cet aspect, qui peut miner la vie d'un groupe. Évoluer en collectivité pendant près de trois mois, loin des siens, peut devenir un facteur d'échec si la situation est mal gérée. Je décide alors d'instaurer des rituels. Tout d'abord, un tribunal est constitué. Un groupe de cinq joueurs est chargé d'animer nos soirées et de confier des missions au reste de la troupe. Je propose, en concertation avec le staff, que les dîners du lundi au mercredi soient un espace de liberté, rythmés par des spectacles en tout genre.

Le premier soir, Raphaël Ibanez est ainsi chargé de présenter la mascotte officielle de notre Coupe du monde : un coq, que l'on a baptisé Diomède. Chaque jour, un « nominé » est obligé de lui donner à manger, à boire et doit l'emmener partout, aux entraînements ou en visite si nous décidons de faire une excursion. Le premier désigné est Christophe Dominici, car il a eu de gros problèmes de concentration durant notre première séance tactique à la vidéo. Rien que cette scène où il doit sortir le coq de sa cage est un très grand moment ! Nous pleurons tous de rire.

Ensuite, avant le repas, Olivier Brouzet, brillant deuxième ligne, lance la soirée avec son « petit journal ». Il a une plume, un style indéniable et l'éloquence pour ce genre d'exercice. Ainsi, à la manière d'un PPDA, ou plutôt d'un Bruno Masure, il nous relate l'actualité du jour. Ces petits moments de vie doivent rendre possibles les grands moments de notre aventure.

Bernard, de son côté, se charge du reste. Comme lors de sa première causerie à Brisbane : « Il faut que l'on soit les meilleurs pour ceux qui sont restés à la maison. Je peux vous dire que, lorsque j'ai dû annoncer le groupe, ça a été dur. Prendre le téléphone et dire à un mec : toi, tu ne viens pas à la Coupe du monde... c'est un crève-cœur, croyez-moi ! Là, le mec, tu le tues ! Tu lui mets un coup de poignard dans le dos ! Je voudrais que, chaque jour, vous pensiez à ça. Quand vous serez sur le terrain, vous aurez intérêt à vous y filer, car ce sera une manière de vous respecter et de respecter ceux qui ne sont pas là ! Et une dernière chose : sachez-le, je n'ai peur de personne. Personne ! »

En remontant seul dans ma chambre (c'est le grand

privilège du capitaine), ces mots font écho en moi. Je partage ce sentiment, cette intime conviction que nous pouvons être champions du monde. J'ai hâte d'en découdre, et ça tombe bien, car il est l'heure de basculer sur notre premier match face aux Fidjiens. Entrer dans une compétition comme la Coupe du monde est toujours un moment délicat, car il y a beaucoup de pression et de tension accumulées. On se prépare toute une vie pour vivre ce genre de moment. Le moins que l'on puisse dire, c'est qu'on ne s'est pas ratés ! 61 à 18, un récital offensif avec sept essais à la clé, dont un triplé de Jauzion, qui est sans doute le meilleur centre du monde à cet instant-là.

C'est une bonne chose de faite. Cela veut dire que nous sommes bien préparés physiquement et mentalement. Nous sommes soulagés, satisfaits et vidés, car nous avons pu nous lâcher. Mais j'ai forcément une pensée pour les « Toasties ». C'est le surnom que David Auradou a donné aux joueurs qui sont en tribune et ne participent donc pas au match. Je sais ce qu'ils ressentent après notre premier match, car je l'ai vécu avant eux. Être simple spectateur est une véritable épreuve, et les épreuves, ça rend plus fort, à condition de bien les vivre. Ce sont des situations où l'on apprend beaucoup sur soi. Je me soucie de leur état d'esprit, car je sais qu'ils auront un rôle prépondérant dans notre parcours. Une Coupe du monde se gagne à trente. Leur attitude est irréprochable. Le groupe « vit bien », comme on dit communément.

Néanmoins, en regagnant mes pénates, j'ai la désagréable surprise de retrouver ma chambre retournée, littéralement saccagée ! Deux jours plus tard, je démasque les coupables grâce à la projection d'une vidéo dans notre salle de vie, où l'on y voit distinctement quatre joueurs encagoulés, en pleine action, dans leur tenue de commando. Je ne révélerai pas les noms, mais je les ai immédiatement reconnus !

L'ambiance est vraiment fantastique. Nous nous amusons beaucoup. Les nominations continuent et personne n'est épargné. Un soir, Aurélien Rougerie, Clément Poitrenaud et Jean-Jacques Crenca forment le jury d'une sorte de *Star Academy*, où Bernard Laporte, Jo Maso et tout le staff sont auditionnés à tour de rôle sur la même chanson. Il faut vraiment être indulgent, car quelques prestations sont très mauvaises. Le lendemain, je dois jouer le « chevalier blanc » qu'incarnait Gérard Lanvin dans le film de Coluche *Vous n'aurez pas l'Alsace et la Lorraine*. En collant, short moulant et coiffé d'un chapeau à la « Robin des Bois », je chevauche mon fidèle destrier au rythme du vent et des bruits de la forêt, exécutés par le reste du groupe. Tout le monde joue le jeu. Personne ne se prend au sérieux, et cela contribue à souder le groupe. Bien souvent, Serge Betsen sort sa guitare et clôture le dîner par des chants basques. J'adore Serge. Nous passons beaucoup de temps ensemble, et je dois reconnaître qu'il m'apporte beaucoup au niveau de la récupération. C'est un formidable athlète, toujours à l'écoute de son corps. Il passe ainsi des heures à s'étirer après les entraînements et les matchs. Très vite, je l'imite et le rejoins dans ce type d'exercice, pour mon plus grand bénéfice.

C'est donc sans grosse difficulté que je peux enchaîner les matchs, malgré mes 34 ans ! Et on est au taquet ! Le Japon ? Balayé 51 à 29. L'Écosse ? Même tarif ou presque : 51 à 9. Notre système de jeu est bien huilé. Nos fameux « blocs » fonctionnent à merveille. Notre troisième ligne Magne/Betsen/Harinordoquy, très coureuse, fait des étincelles. Frédéric Michalak marche sur l'eau. Notre fond de terrain très rapide, avec Brusque, Dominici et Rougerie, profite des espaces créés par nos deux tanks au centre, que sont Jauzion et Marsh. Tout repose sur cette fluidité entre les lignes et notre vitesse d'exécution. Les chiffres parlent pour nous : dix-huit essais en trois matchs, meilleure attaque de la compétition. Les observateurs nous donnent maintenant favoris pour le titre ! Mais nous ne nous emballons pas pour autant.

Après la troisième rencontre face aux Écossais, Bernard Laporte annonce que les joueurs qui ont peu joué depuis le début de la Coupe du monde seront de la partie pour le dernier match de qualification contre les États-Unis. Pour les habituels titulaires, c'est l'occasion de « débrancher » pour la première fois de la compétition.

Nous avons le champ libre ! Une soirée est organisée

dans un immense appartement de Bondi Beach, près de notre hôtel. Il y a un monde fou et c'est, je dois bien le reconnaître, très débridé. La « jet-set » locale est de la fête. Nous comptons vraiment profiter de ce moment en société pour nous amuser. C'est une sorte de respiration dans notre apnée vers le titre. Jusque-là, nous vivions en vase clos, recroquevillés autour de notre petite France que nous nous étions reconstituée à l'hôtel. Pourtant, le lendemain, nous sommes convoqués par le manager Jo Maso : « On ne peut vraiment pas vous faire confiance, les mecs ! Qu'est-ce que vous avez fait ? Des photos ont été prises au cours de la soirée. On y voit des gens prendre de la drogue et faire n'importe quoi ! Vous vous rendez compte dans quelle merde on est ? »

C'est surréaliste ! Une rumeur circule et affole l'encadrement de l'équipe. Des photos ? Oui, et alors ? De la drogue ? Nous n'y sommes pour rien si tel est le cas. Nous avons simplement voulu décompresser et prendre du bon temps, et d'un seul coup, nous sommes pointés du doigt par le staff. Je trouve cela très injuste et, en même temps, symptomatique de l'époque dans laquelle nous vivons. Désormais, il faut s'y faire. Partout où nous allons, nous sommes épiés, scrutés, observés à la loupe. Il est bien loin le temps des bringues énormes avec les Anglais, à la fin de la Coupe du monde 1995, lorsque l'on se battait à coups de giclées de ketchup et de moutarde. Toute cette histoire amplifie ma perception du monde extérieur et des médias. Un exemple : dans notre hôtel logent les journalistes français. Je suis partagé sur cette présence quotidienne car, d'un côté, j'ai conscience que pour la médiatisation de notre sport et sa notoriété, c'est inévitable, voire bénéfique. Mais, d'un autre côté, cela me dérange. J'ai l'impression de ne pas pouvoir être moi-même, que nos moindres faits et gestes sont immédiatement sujets à interprétation. En tout cas, cette soirée sera notre seule sortie en groupe avant la fin de la Coupe du monde et, encore aujourd'hui, je trouve cela dommage. Un groupe, que ce soit au rugby ou dans un autre sport, a besoin de ces « sas de décompression », de faire la fête !

Cela ne nous empêche pas pour autant de bien terminer le boulot. Malgré une équipe très remaniée, la France bat sans difficulté les États-Unis, 41 à 14. Les Toasties se sont mis au diapason, prouvant ainsi que tout le monde a sa place dans cette aventure. Nous voilà qualifiés pour les quarts de finale, à trois matchs de notre rêve ! Dorénavant, chaque rencontre peut être la dernière, et je veux savourer chaque instant. L'Irlande se dresse ainsi devant nous, une équipe que l'on connaît par cœur, puisque nous la jouons chaque année dans le tournoi. Sur un match, ces valeureux guerriers peuvent être redoutables, et il ne faut jamais sous-estimer leur *fighting spirit*. Direction Melbourne et son magnifique stade, avec son toit rétractable en cas de mauvais temps. Une vraie garantie pour nous qui basons notre jeu sur le mouvement et la vitesse.

Dans les vestiaires, le message sur le tableau noir est toujours le même : « Nous savons où nous allons, nous savons qui nous sommes. Le hasard ne dictera pas la vie de notre groupe. »

Discours d'avant-match de Bernard : « On va aller chercher la Coupe du monde, les gars ! Pour se l'offrir, certes, ça, c'est sûr car on y est, mais aussi pour l'offrir aux 10 millions de mecs qui nous regardent. Je vous le dis, ils vont être dix millions aujourd'hui devant leur poste, quinze samedi prochain, vingt la semaine suivante, et c'est à eux qu'il faut l'offrir. On est le seul sport où on a jamais dit à nos supporters : "Un jour, on sera champions du monde." Les handballeurs l'ont fait ! Les footballeurs l'ont fait ! Et pourquoi on le ferait pas, nous ? Pourquoi ? » Frissons assurés ! Nous sommes lancés dans notre dernière ligne droite.

Au moment du tirage au sort à pile ou face, je me retrouve face au talonneur Keith Wood, meilleur joueur du monde en 2001, auquel j'ai succédé l'année d'après. Décidément, nos destins sont étroitement liés.

« Bonne chance, Fabien ! Tu es prêt pour la retraite ?

– On verra bien. Ce sera toi ou moi ! »

En effet, lui aussi a décidé de mettre un terme à sa carrière à la fin de la Coupe du monde. Ce petit échange est sympathique. Nous nous apprécions beaucoup. Malheureusement pour lui, les Verts ont vu rouge, ce jour-là ! En trente-sept minutes, le match est plié ! Nous récitons notre rugby. C'est de loin notre mi-temps la plus aboutie. Dominici, Magne et le Basque bondissant Harinordoquy ont déjà passé la ligne à trois reprises : 27-0 à la mi-temps, puis 37-0 à la 50e minute. Une démonstration ! Après une fin de match en roue libre et un score final de 43 à 21, je tombe dans les bras de Wood pour une longue étreinte sincère. Finalement, il termine sa carrière ici, tandis que, moi, je continue l'aventure. Maintenant, place à l'Angleterre en demi-finale !

De retour à Sydney, deux mauvaises nouvelles viennent assombrir notre formidable épopée. Olivier Brouzet doit quitter le groupe sur blessure après s'être luxé l'épaule contre l'Irlande, et Pépito Elhorga est contraint de rentrer en France suite au décès brutal de son père. Ce sont des moments difficiles à gérer, pour eux avant tout, mais pour le groupe aussi, car nous vivions jusque-là une Coupe du monde sans embûche. Après un début de semaine difficile donc, nous nous remettons au travail. L'équipe est très studieuse. Sous un soleil radieux, nous répétons nos gammes et révisons nos lancements. Nous savons à quoi nous attendre avec l'Angleterre, car nous avons disséqué leur jeu à la loupe. Leur stratégie se résume ainsi : énorme paquet d'avants + excellent buteur. Comme ça, l'équation paraît simple à résoudre. Pourtant, le jour du match, lorsque nous montons dans le bus pour nous rendre au Telstra Stadium, l'inquiétude monte, et le silence est pesant. Il tombe des hallebardes ! C'est une très mauvaise nouvelle pour notre équipe, taillée pour évoluer sur terrain sec. Pour la première fois de la compétition, nous allons devoir jouer sous la pluie et la vérité, la seule, c'est que nous n'y sommes pas préparés !

Dans le vestiaire avant le match, Bernard tente de dédramatiser l'affaire : « Pas de panique, les gars ! On reste, comme on s'est dit, sur les touches. On ne change rien. Ballon porté, on avance, on avance et, si ça ne progresse pas, on libère. Hein, Fabien ? Et boum ! Grande quille, chandelle ! OK, Fred ? Pendant les vingt premières minutes, on ne s'expose pas. On met la pression. On les fait reculer. Pression, pression, pression ! On monte, on monte, on monte ! Combat, combat, combat ! Y a que ça à faire, les gars ! Quatre-vingts minutes pour aller en finale. Y a que ça à faire… »

Dans ce genre de situation, le disque de Bernard semble rayé, et les phrases passent en boucle. Le discours est musclé, comme d'habitude, lâché avec la gouaille qu'on lui connaît mais, à cet instant, nous savons tous pertinemment que nous ne sommes pas prêts à livrer une telle bataille. Bernard a beau jeu de minimiser les choses. On n'a pas de plan B et puis, c'est tout ! C'est aussi simple que ça… Et stupide à la fois ! Les Anglais ont les meilleurs avants du monde, le meilleur ouvreur, et cela se vérifie rapidement. Malgré l'essai de Serge Betsen dès la 10e minute, nous nous noyons progressivement et collectivement. Excellent depuis le début de la Coupe du monde, Fred Michalak montre des carences et ne tient pas la comparaison avec Wilkinson dans la justesse du jeu au pied. Ce n'est pas un match pour lui… pour nous ! Débordés, nous nous mettons trop souvent à la faute. Les deux cartons jaunes de Dominici et Betsen sont l'illustration parfaite de notre indiscipline, et Wilkinson concrétise tous les points au pied. «*Jonny be God*» nous assassine avec deux drops, un du gauche et l'autre du droit. Au final, France 7, Wilkinson 24 ! Chapeau l'artiste ! Nous venons de croiser la route des champions du monde et c'est brutal…

Réunis en cercle dans les vestiaires, nous ne pouvons laisser échapper nos larmes. Fabien Pelous prend la parole en premier, puis je lui emboîte le pas. Mes souvenirs se font moins précis, je ne me souviens plus des mots, mais j'ai mal. Mal rien qu'à y penser ! Je suis triste aussi, car cette équipe très talentueuse méritait un meilleur sort. De mon côté, je dois maintenant me rendre à l'évidence et renoncer à mon rêve ultime : je ne serai jamais champion du monde.

Un peu plus tard dans la soirée, ma décision est prise. Je ne souhaite pas jouer le match pour la troisième place. Il est temps pour moi de passer la main. J'ai fait mon temps, et l'avenir se prépare maintenant. J'en discute avec Bernard et son staff, leur explique qu'il faut désormais confier les clés du camion à Dimitri Yachvili. Ils entendent et acquiescent. La suite est un peu confuse et malheureuse…

Invité sur notre plateau de France 2 situé sur le toit du musée de Sydney, en face de l'Opéra, Fabien débriefe en direct la défaite et n'élude aucune question. Mais une réponse va faire couler beaucoup d'encre dans les jours suivants.

Sur le coup, je me fais un peu piéger et annonce que cette défaite face à l'Angleterre est en quelque sorte ma « petite mort », sans doute mon dernier match. Les journalistes en restent cois. Personne ne comprend vraiment le fond de ma pensée. Effectivement, je dois normalement être sur le banc pour le dernier match face aux All Blacks, mais cela ne compte pas vraiment dans mon esprit. Je m'en suis d'ailleurs expliqué quelques heures plus tôt avec mon entraîneur et le manager. Mais je ne développe pas plus que ça et reste sur cette déclaration.

Et puis un épisode tragique se produit dans la nuit. Mon père m'appelle et m'apprend que mon oncle Francis, qui était très malade, est décédé après le match. Mon sang ne fait qu'un tour. Il est hors de question que je n'aille pas à ses funérailles. Chez moi, dans le Lot, on a pour coutume de veiller nos morts, et Francis est quelqu'un qui a beaucoup compté dans ma vie. C'était mon parrain, un guide, presque un deuxième papa. Il me paraît alors inconcevable de ne pas être aux côtés des miens pour affronter ce moment douloureux. Au petit matin, j'avertis les membres de l'encadrement, et nous décidons d'organiser une conférence de presse pour annoncer mon départ.

C'est un moment extrêmement difficile, car tout cela va être très mal interprété. Dans un premier temps, les journalistes présents sont furieux. Ils sont persuadés que je rattrape le coup de la veille où j'ai, soi-disant, annoncé la fin de ma carrière sur France 2. Avec le décalage horaire, ils n'ont pas pu prévenir leur rédaction à temps et m'en tiennent clairement rigueur. Mais je ne suis pas là pour ça. Je viens leur annoncer que je rentre en France en raison d'un « problème familial ». Ça n'est pas vraiment compris. C'est le flou artistique. Certains m'accusent de quitter le navire, de déserter. Et pas seulement des journalistes. Quelques élus fédéraux partagent leur opinion. Ça me blesse profondément. Certes, je n'ai pas été très habile dans ma communication d'après-match, mais cela me heurte. Comment peuvent-ils penser cela ? Je décide toutefois de ne pas en rajouter et retourne dans mon village afin de veiller une dernière fois sur mon oncle. J'ai été à ses côtés jusqu'au bout et, pour moi, c'est le plus important. Aujourd'hui, je regrette sincèrement la manière dont tout cela s'est passé. Cependant, si je pouvais revenir en arrière, je reprendrais la même décision. Il y a des choses plus essentielles dans la vie que le rugby.

Ainsi, au moment où mes amis, mes partenaires, mes frères d'armes baissent pavillon contre les Blacks en petite finale, je porte le deuil de mon oncle à quinze mille kilomètres de là et glisse mon dernier maillot bleu dans son cercueil. J'aurais pu lui dire à ce moment-là : « C'était bien, Tonton, c'était bien… »

Quel pied ! Cela faisait au moins quinze ans que ça ne m'était plus arrivé ! Depuis quelques jours, je me réveille sans aucune douleur. Toutes mes inflammations aux articulations et aux insertions tendineuses ne sont plus que de mauvais souvenirs. C'est vraiment très agréable de ne plus souffrir, de se sentir à nouveau bien avec son corps. Ça n'est pas toujours le cas pour les sportifs de haut niveau. Ne plus avoir mal est une vraie révolution et, si c'est ça « être à la retraite », alors c'est merveilleux !

En cette fin d'année 2003, j'ai envie de savourer les choses simples de la vie. Je sais que je traverse une année de transition, alors autant en profiter à fond. Comme je suis un bon vivant, je commence par les plaisirs de la table et je me rappelle au bon souvenir de Christian Constant. Cet ancien demi de mêlée de Montauban est l'un des plus grands chefs de France. Au début de ma carrière en bleu, lorsque nous nous rassemblions à Paris, il était de tradition d'aller dîner au Crillon, où Christian exerçait. C'est comme ça que je l'ai rencontré. Petit à petit, nous sommes devenus amis et avons constitué une petite bande heureuse de se retrouver autour d'un bon gueuleton. Ce vendredi midi, nous avons rendez-vous rue Saint-Dominique, dans le VIIe arrondissement de Paris, au Violon d'Ingres, l'un de ses établissements. J'y retrouve Jean-Luc Petitrenaud, critique gastronomique réputé. Nos enfants sont dans la même école et jouent ensemble au rugby à Clamart. L'acteur Pierre Arditi est aussi présent, tout comme Yves Camdeborde, autre grand chef et fils spirituel de Christian Constant. L'écrivain Yann Queffélec complète cette belle tablée !

Quelques semaines plus tôt, j'avais mis au défi le chef Constant. Il devait réaliser un chou farci meilleur que celui de ma mère. Nous sommes donc tous réunis pour livrer notre verdict. Le repas succulent apporte une réponse évidente au challenge lancé : Christian rivalise indéniablement avec ma maman ! Problème, il n'y a pas que le chou qui est farci… Nous le sommes tous ! Les bonnes bouteilles qui ont accompagné le repas commencent à avoir raison de nous, et il est l'heure pour moi d'aller visiter un appartement à Neuilly avec ma femme. En rentrant de la Coupe du monde, j'avais en effet rendu mon logement de la rue de la Saussière, à Boulogne-Billancourt, et cherchais activement un autre bien à louer. La décision était prise : notre vie était désormais à Paris.

Au moment où ma femme entre dans le restaurant pour me « récupérer », Jean-Luc intervient : « Mais qu'est-ce que vous allez faire à Neuilly ? Venez habiter à Meudon ! C'est une ville fantastique, calme et idéale pour une vie de famille épanouie. Ne bougez pas d'ici ! J'appelle un ami qui a une agence de location. » Aussitôt dit aussitôt fait : nous avons rendez-vous le lendemain pour visiter une maison.

C'est vrai que Meudon est une ville attrayante. Je connais bien l'endroit pour y être passé régulièrement lorsque j'allais m'entraîner à Marcel-Bec avec le Stade

Français. Quand j'arrivais sur ce plateau qui surplombe Paris, près de l'Observatoire, j'avais la sensation que la vie s'était arrêtée après la guerre. Les longues allées pavées semblaient s'être figées avec le temps et, non loin de là, la forêt promettait des moments de flânerie et des balades agréables en famille. Notre choix est alors évident. Nous allons nous installer ici et louer cette maison que nous a trouvée Jean-Luc.

C'est une bonne chose de faite car, dans le même temps, la saison vient de commencer et je suis un observateur privilégié du championnat. En effet, je viens d'accepter un poste de consultant pour Canal+. Thierry Gilardi, qui est alors vice-président du Stade Français, m'a permis de rencontrer Michel Denisot, et ce dernier m'a proposé un contrat de quatre ans : une deuxième activité, en plus de mon rôle d'intervenant pour Havas Sports. Comme Meudon se trouve au carrefour de mes nouvelles obligations professionnelles, cela tombe à pic. Ainsi, je sors de l'univers du rugby pro et vais découvrir de nouveaux métiers avec plaisir et appétit !

Nous sommes en novembre, et je suis dans une bulle confortable, sans pression. Je ressens un grand sentiment de liberté. Pour la première fois de ma vie, j'ai du temps pour faire autre chose que du rugby. Ne plus s'entraîner tous les jours, être dispensé de musculation ou de séance vidéo, il y a un côté régénérant dans tout ça ! Mon nouveau quotidien me plaît, et je veux en profiter au maximum.

En milieu de saison, vers janvier-février, je commence néanmoins à recevoir des coups de téléphone de la part de joueurs du Stade Français, Bibi Auradou en tête, et du président Max Guazzini. À travers leurs discours, je comprends que l'ambiance n'est pas au beau fixe avec Nick Mallett. La tension gagne le groupe, et on me demande d'intervenir. Ma réponse est claire : ils doivent maintenir leur confiance envers Nick. Je connais bien le personnage, parfois très dur au quotidien. Mais il a déjà fait ses preuves et saura les mener sur le chemin de la réussite. Malgré tout, les sollicitations sont de plus en plus insistantes mais, à chaque fois, je repousse ces appels du pied. Je suis tellement bien dans ma nouvelle vie, je profite de ma famille et ne me sens pas prêt à replonger immédiatement. Pour autant, je ne peux pas nier que l'entêtement de Max et l'opiniâtreté de certains cadres du vestiaire me font réfléchir. Après tout, pourquoi ne pas tenter cette aventure ? Au pire, elle durera deux ou trois ans, tout au plus ! Et puis ressentir la confiance de ces gens-là est un gage important pour l'avenir. Par ailleurs, j'ai des connaissances, une vision du jeu à partager et une certaine idée pour organiser l'équipe. Les semaines passent et, progressivement, j'intègre l'éventualité de devenir entraîneur. Quoi qu'il arrive, je sais que je n'aurai pas de regrets en faisant ce choix. En avril 2004, alors que le Stade est en difficulté et bataille pour se qualifier pour les playoffs, Nick informe le club de sa décision d'arrêter à la fin de la saison. Un mois plus tard, j'accepte donc l'offre du président et fais le grand saut ! Si j'avais su ce qui m'attendait alors...

L'équipe, qui était au bord du gouffre deux mois auparavant, conserve finalement son titre en battant Perpignan en finale. Et Nick de soigner sa sortie. Bonjour la pression ! Je reprends un club double champion de France en titre et j'ai tout à perdre ! Je viens de résilier mes contrats de consultant avec Canal+ et Havas, où j'étais bien, pour tenter une aventure qui s'annonce particulièrement périlleuse...

Afin de relever le challenge, Max propose de m'adjoindre Fabrice Landreau pour m'occuper des avants et Steve Meehan, un Australien qui entraînait avec Nick. J'accepte sans hésiter. Steve me paraît compétent. Par ailleurs, j'ai joué deux ans avec Fabrice et j'ai partagé avec lui quelques sélections en équipe de France, ainsi que l'intérim de Connolly en 2002. Finalement, on se connaît sans se connaître, et je suis loin de me douter que c'est un mec extraordinaire, avec qui je vais passer des années magnifiques ! On part donc comme ça, un peu vers l'inconnu. Je me souviens très bien de notre premier entraînement.

Au moment de signer son contrat pour une durée de trois ans, Fabien achète également une maison à la lisière de la forêt de Meudon, à proximité du terrain d'entraînement de Marcel-Bec, l'un des camps de base de la formation parisienne. Mais le Stade Français est un club de nomades et, pendant l'été, c'est à la Faisanderie que se déroulent les entraînements.

Tandis que je quitte mon domicile, ce samedi, je décide de me rendre au stade en scooter. J'ai rendez-vous avec Fabrice une heure plus tard. Nous sommes à deux jours du rassemblement prévu avec les joueurs. Mais comme nous avons un peu la pression, nous avons décidé de répéter nos gammes à blanc, juste tous les deux. C'est un peu comme la rentrée des profs qui précède de peu celle des élèves : j'ai la boule au ventre ! Alors, pour évacuer ce stress, je prends les devants. Au moment de m'enfoncer dans le parc national de Saint-Cloud, je ressens des ondes positives. Depuis l'arrêt de ma carrière, c'est la première fois que je reviens ici, et je me sens bien. La Faisanderie s'étend sur 10 hectares et offre un calme absolu. C'est la campagne à Paris ! Sur ce site, les sociétaires du club peuvent profiter de nombreuses activités, comme la natation, le foot, la gymnastique ou le tennis. La vingtaine de courts en terre battue rappelle d'ailleurs que la première édition des Internationaux de France s'est déroulée ici, en 1925. Nous avons la chance de bénéficier de ces installations pendant deux mois. Tout est réuni pour travailler sereinement, alors je savoure l'instant, seul, au milieu du terrain. Fabrice arrive quelques minutes plus tard, et nous nous mettons tout de suite en action.

Nous disposons des plots aux quatre coins du terrain, mesurons les distances et parlons des ateliers à mettre en place pour qu'il y ait du rythme, de l'intensité. Nous ne voulons rien laisser au hasard. Le cérémonial est très scolaire, mais c'est une manière de nous rassurer. Nous avons bien conscience de la nécessité de faire nos preuves au plus vite. À titre de comparaison, aujourd'hui, lorsque je prépare une séance d'entraînement pour mon club de Montpellier, ça vient tout seul, c'est instinctif ! Mais pour nos grands débuts avec Fabrice, il a fallu beaucoup échanger. Notre travail était le fruit d'une longue réflexion.

Le lundi, tout se passe très bien avec les joueurs. Nous savons où nous allons. Nous avons plein d'idées à leur proposer et un vrai projet de jeu. Je sens tout de suite que le groupe adhère. À l'occasion de cette journée, un photographe de *L'Équipe* est présent pour réaliser un reportage sur mes premiers pas en tant qu'entraîneur. Dans l'un de nos vestiaires, j'ai dessiné notre animation offensive sur un « paperboard ». On y voit des schémas complexes, avec des flèches de couleur un peu partout. Le photographe en profite pour prendre un cliché avant qu'Alain Elias n'intervienne : « Non, tu ne prends pas ça en photo ! C'est top secret ! C'est notre projet de jeu pour cette saison. Tu n'es pas là pour faire de l'espionnage industriel, quand même ! » Ce à quoi le photographe répond : « Mais ça va pas bien ou quoi ? Tu as vu ce qu'il a dessiné ? On n'y comprend rien. C'est trop brouillon ! » Nous nous mettons tous à rigoler. À ce moment-là, Max entre à son tour dans la pièce : « Salut, mes bébés ! Oulala ! Qu'est-ce que c'est que ça ? Ça m'a l'air bien compliqué ce truc, Fabien ! T'es sûr de toi ? » Oui, je le suis et il serait trop long de lui expliquer les tenants et les aboutissants de l'affaire, mais Max voulait voir ce que l'on avait à proposer aux joueurs et il l'a vu !

Après un stage dans les Landes, notre saison commence à Bayonne par une nette victoire 34 à 10. Encourageant ! Puis on enchaîne par un succès contre Pau à domicile sur un score fleuve. Ça part bien. Les joueurs sont vraiment réceptifs et semblent s'adapter parfaitement aux consignes. Mais tout va se gâter... Lors de notre troisième rencontre, on en prend 45 à Montpellier. Au-delà du contenu du match, Dominici se fait assommer, tout comme Arias, et Nani Corleto se blesse gravement : triple fracture de la cheville ! La défaite a vraiment un goût amer et, pour ne rien arranger, la semaine suivante, on perd de cinq points à la maison contre Agen. Quand tu es jeune entraîneur et que tu concèdes deux matchs de suite, dont un à domicile au bout de quatre journées, tu ne te sens pas très bien et la presse ne te fait pas de cadeau. Le lendemain, le *Midi Olympique* titre : « L'effet Galthié ». Et là, je me dis : Bienvenue dans le monde des Bisounours !

Bon an, mal an, nous avançons et reprenons confiance. Nous nous qualifions d'abord pour les quarts de finale de Coupe d'Europe. Max décide de délocaliser le match pour la première fois de l'histoire du club. Nous recevons ainsi Newcastle au Parc des Princes. Le stade est plein à craquer. C'est avant tout une réussite pour l'image du club et, qui plus est, nous infligeons une fessée aux Anglais : 48 à 8 ! En championnat, nous terminons premiers de la phase régulière du Top 16. Nous voilà qualifiés pour les demi-finales sur les deux tableaux !

Max décide de renouveler l'expérience au Parc des Princes pour la réception de Biarritz en H Cup. Les Biarrots font une grosse partie, ils mènent 17-13. Alors que nous jouons depuis huit minutes déjà dans les arrêts de jeu, Dominici s'échappe autour d'un regroupement, comme un diable sort de sa boîte ! Essai sous les poteaux ! Le Parc est en ébullition, et je suis comme soulevé de terre par cette explosion de joie du public parisien. C'est ma première très grande émotion d'entraîneur ! Au bout du bout, nous nous imposons 20 à 17 à l'issue d'un dénouement d'une dramaturgie incroyable ! Nous retrouvons Toulouse en finale. Les hommes de Guy Novès viennent de battre Leicester en Angleterre et sont clairement favoris compte tenu de leur palmarès. Pourtant, j'ai l'impression que nous sommes invincibles, que nous avons la « baraka ».

Avant de nous rendre à Édimbourg, lieu de la finale, Max a demandé à ce que l'on réserve un hôtel le plus près possible du stade de Murrayfield. Dans le bus, en arrivant devant l'hôtel, l'horloge indique 18 h 18. C'est peut-être un signe, pour lui qui est très superstitieux. En réalité, c'est surtout le début des emmerdes ! En entrant dans le hall, nous découvrons immédiatement qu'un mariage est organisé à l'hôtel. Il y a du monde partout, de la musique à fond les ballons ! Max est furieux ! Après avoir pourri le gars qui a pris la réservation, il fait remonter tout le monde dans le bus, y compris le maire de Paris, Bertrand Delanoë, qui est du voyage. La nuit est tombée depuis une bonne heure, et nous sommes en train de nous enfoncer dans la campagne écossaise pour trouver une base arrière. Les intendants qui nous suivent dans une petite fourgonnette contenant le matériel et les maillots se perdent en route. Résultat : nous ne pouvons pas respecter le protocole prévu, notamment la remise des maillots à la veille du match. Quelque chose ne sonne pas bien…

Le lendemain, nous menons 12 à 9. Le match est fermé, sans grand relief. Nous jouons la 87e minute. C'est la dernière action et, pour sa deuxième apparition en finale de Coupe d'Europe, le club est en passe de devenir champion. Regroupement au centre du terrain, Pieter de Villiers vient au déblayage, ramène le ballon dans notre camp, mais la balle tape sur les pieds de Dominici, repart dans le camp toulousain, et nous nous mettons à la faute sur un malheureux coup de billard à trois bandes ! Michalak égalise et envoie les deux équipes en prolongation. Lors de la courte pause sur le terrain, je comprends que nous avons perdu. Je sens mes joueurs éreintés et touchés psychologiquement par cette fin de match. Pas plus de cinq minutes plus tard, Michalak claque un drop. Plus rien ne sera marqué, et nous nous inclinons 15 à 12. La défaite est cruelle, dure à encaisser. Mais il faut se remobiliser pour la suite, c'est-à-dire le championnat.

Quinze jours plus tard, nous retrouvons Toulouse à Bordeaux pour la demi-finale du Top 16. Une fois encore, la partie est serrée, mais nous sommes revanchards, et les Toulousains ont peut-être un peu moins les crocs que nous. Nous l'emportons 23 à 18 et nous nous qualifions pour la deuxième finale de notre saison. C'est encore une histoire de retrouvailles avec Biarritz, que nous avons éliminé sur le fil en Coupe d'Europe, un mois plus tôt, au Parc.

Dès le début, les Basques se montrent très agressifs dans le tunnel du Stade de France. C'est une grosse équipe, très expérimentée, avec Yachvili, Harinordoquy, Traille, Lièvremont, Thion et consorts. On se trouve en difficulté durant tout le match. L'équipe est fatiguée, mais David Skrela passe une pénalité à la sirène et arrache les prolongations. À cet instant, je me dis : Tiens, c'est le scénario inverse de la finale perdue contre Toulouse… Cette fois-ci, elle est pour nous ! Et puis non. Sur une mêlée tournée, on est pénalisés. Yachvili passe son coup de pied, et Biarritz l'emporte 37 à 34 !

Encore une fois, c'est très difficile à vivre. Avec Fabrice, on se réconforte en se répétant que, pour notre première saison d'entraîneurs, c'est tout de même pas mal d'avoir emmené le club en finale des deux compétitions pour lesquelles nous étions engagés. Malgré tout, l'issue a été similaire dans les deux cas : on a perdu les deux après prolongation. Et c'est tout ce que les gens vont retenir ! Nous sommes devenus les « entraîneurs *loosers* », ceux qui ont perdu le titre de champion de France, point barre ! Nous savons aussi que la deuxième saison va être difficile...

Pendant tout son récit, Fabien ne fait aucune allusion à ses rapports avec les joueurs. La situation est pourtant particulière car entraîner ses anciens partenaires est une chose peu évidente, et j'ai le souvenir que son management était parfois pointé du doigt par certains membres de l'équipe à cette époque-là. Je le relance donc sur le sujet.

À ce moment précis, je n'ai pas le recul nécessaire pour avoir une analyse lucide de la situation. Aujourd'hui, quand on en discute avec Stéphane Glas, mon adjoint à Montpellier qui figurait dans l'équipe du Stade Français à cette époque, il m'assure que j'étais très dur. Il me dit parfois que je les « défonçais ». Je n'ai pourtant pas vécu les choses de cette manière. Je me souviens surtout que j'entraînais des lions et que, quand je descendais dans la fosse avec eux, je ne devais pas m'échapper parce que, dans cette situation, soit les lions t'écoutent, soit ils te mangent ! Il faut bien se rendre compte qu'à 35 ans, j'étais entraîneur en chef d'une équipe double championne de France. Je n'avais aucune formation. J'avais sous la main des joueurs avec qui j'avais gagné des titres en équipe de France ou avec le club, des joueurs que j'admirais. Mais j'étais bien obligé de me blinder et de me former sur le tas. Tout comme Fabrice le faisait. Par ailleurs, je crois que nous proposions un rugby intéressant à jouer et que c'est aussi pour ça qu'ils nous suivaient. Après, ceux qui ont pu se plaindre dans la presse ou ailleurs sont ceux qui ne jouaient pas ou peu, comme c'est souvent le cas dans chaque club. Ce qui est certain, c'est que, en règle générale, le métier d'entraîneur est très difficile. Alors à 35 ans, je ne vous raconte pas !

Comme les joueurs, il faut savoir se remettre en question. Par exemple, après ces deux finales perdues, personne n'a dit que le Stade Français avait réalisé une très bonne saison. Non, c'était un échec, et celui de Galthié en particulier ! Il faut être solide pour encaisser ce genre de critique car, finalement, comment juger des performances d'un groupe, des résultats d'une équipe ? À l'aune des titres uniquement ou en tenant compte de la régularité sur l'ensemble d'une saison ? Est-ce que terminer premier de la phase qualificative a réellement de la valeur ? Je me suis souvent posé ce genre de question…

En réalité, la saison la moins accomplie a été la deuxième. Pourtant, l'équipe jouait mieux. Mais elle a rapidement été éliminée de la Coupe d'Europe et a terminé péniblement à la deuxième place de la saison régulière en championnat. Toutefois, ce fut une saison particulière car nous jouions en rose. Après le calendrier et les délocalisations, c'était une nouvelle grande idée de notre président. L'histoire est d'ailleurs savoureuse...

Nous sommes en septembre 2005 et, comme tous les mercredis, Max nous a réunis à la brasserie du stade Jean-Bouin pour le « repas du président ». Il apprécie particulièrement ce moment et nous fait toujours un petit discours sur le match à venir. Cette fois-ci, il a une proposition à nous faire : « Bon, mes bébés, j'ai décidé que nous allions changer de couleur. Alors on va voter. Qui veut jouer en rose ? » Le vote à main levée est très clair : les avants refusent, tandis que les trois-quarts s'avèrent très enthousiastes. « OK ! Alors on va jouer en rose ce week-end, à Perpignan ! » De toute façon, Max avait déjà lancé l'opération, mais il ne voulait pas qu'on en parle pour qu'il y ait un effet de surprise total le jour du match.

La rencontre du dimanche est diffusée sur Canal+. À dix minutes du coup d'envoi, nous n'avons toujours pas vu les maillots et ne savons vraiment pas à quoi nous attendre. À la fin de l'échauffement, retour dans les vestiaires d'Aimé-Giral. Il faut bien imaginer la scène. Nous sommes chez les Catalans, l'un des publics les plus chauds de France qui déteste par-dessus tout Paris et le Stade Français. Les joueurs rentrent pour se changer et découvrent donc les fameux maillots rose fuchsia. Plus pétant que ça, tu meurs ! J'observe la scène avec attention. Shaun Sowerby, notre numéro huit sud-africain, refuse d'enfiler le maillot. C'est un garçon très porté sur la tradition, très classique, comme peuvent l'être les Afrikaners. Pieter de Villiers, d'origine sud-africaine, s'approche alors de lui : « Mais si, Shaun ! Ça va très bien t'aller. Et puis tu vas voir, le rose comme ça, à la télé, c'est la classe ! Ça rend beau ! » Sachez juste qu'après ce match, Sowerby ne parlera plus à Pieter pendant un mois.

À l'autre bout du vestiaire, notre pilier argentin Rodrigo Roncero, médecin de formation, est dans son match. Il ne semble pas prêter attention à ce qu'il se passe autour de lui : « Vous pouvez m'aider à mettre ce truc ? J'ai l'impression que c'est beaucoup trop petit ! » En plus d'être rose pétant, les maillots sont particulièrement moulants, et il faut que nous nous y mettions à trois pour le lui enfiler. Au moment de sortir, alors que toute l'équipe se trouve en file indienne, Rodrigo se voit dans le reflet du miroir de la porte du vestiaire : « Non, c'est pas possible ! Je ne rentre pas comme ça ! On dirait un petit cochon ! » Juan Martin Hernandez entame alors la négociation en argentin. Je tends l'oreille : « Je te jure, Rodrigo ! Ça te va très bien, ne t'inquiète pas. C'est la glace qui te tasse un peu. Tu es très bien, je t'assure ! » Il est en train de l'embobiner de façon magistrale. J'en rigole aujourd'hui, mais il y avait comme un vent de panique dans le vestiaire car on n'avait que ces maillots et on aurait été dans une sacrée galère si certains avaient refusé de jouer !

Au moment de sortir du tunnel, je m'attends à la bronca habituelle d'Aimé-Giral, peut-être même plus forte encore, mais rien! C'est plutôt la stupéfaction. Les supporters catalans sont médusés, à l'image des joueurs de leur équipe qui sortent à leur tour et nous découvrent dans notre nouvel habit de lumière. Aujourd'hui, c'est devenu banal de jouer en rose mais, il y a dix ans, c'était comme si nous arrivions à poil sur le terrain!

À la mi-temps, nous menons d'un point, et j'entends le capitaine de Perpignan, Bernard Goutta, remonter ses troupes dans le vestiaire d'en face : « Je vous préviens les mecs, si on perd chez nous aujourd'hui contre cette bande de types habillés en rose, autant que l'on arrête le rugby! » Finalement, l'USAP s'impose 16 à 12. L'honneur des Catalans est sauf. Quant à nous, le coup marketing est réussi! Par la suite, ces maillots roses s'arrachent comme des petits pains à la boutique du Stade.

Mais ils ne nous portent pas chance pour autant. Comme lors de cette demi-finale de championnat à Lyon, arbitrée par l'ancien Columérin Joël Jutge. Une rencontre que l'on domine, pourtant. Mais l'équipe est trop nerveuse pour l'emporter. Aujourd'hui, j'ai une explication rationnelle à cette défaite. Nous avons perdu à cause de moi. Je m'explique...

La veille du match, en conférence de presse, les journalistes me branchent en présence des capitaines et de Guy Novès : « Alors, ça fait quoi d'affronter l'équipe de

Toulouse de Guy Novès, avec ses seize titres de champion, vous qui avez tout perdu jusque-là en tant qu'entraîneur ? » Je trouve la question déplacée et injuste. Je suis touché dans mon ego et je réagis mal, je peine à maîtriser ma manière de communiquer. Je leur réponds qu'ils n'ont qu'à regarder le classement des deux dernières saisons, notre nombre de victoires et la série d'invincibilité que nous avons établie à domicile. Mais la veille d'un match aussi important, on ne doit pas évoquer le passé et tenir ce genre d'argumentaire. Nous sommes là pour parler du match et, moi, je suis en train de défendre mon bilan. Je n'ai pas su prendre suffisamment de distance et je n'aurais jamais dû aller sur ce terrain-là. Aujourd'hui, avec l'expérience, j'aurais sans doute répondu un truc du genre : « Oui, j'entends bien. C'est un beau défi. Nous allons tenter d'être à la hauteur... » Avec un peu de second degré. Mais en 2006, j'étais sur la défensive. Je tentais de me justifier.

Je fais alors remarquer à Fabien qu'il était pourtant rompu à l'exercice de la conférence de presse. En tant qu'ancien capitaine de l'équipe de France, entre autres, il aurait dû s'en sortir et éviter ce genre de piège.

C'est vrai, mais ce jeu de la provocation est très difficile à appréhender. Selon l'humeur du jour, tu peux vite dégoupiller et, à cette époque, j'étais très premier degré, beaucoup plus qu'aujourd'hui en tout cas.

Inconsciemment, je pense que cela a influencé mon approche du match et a entraîné des répercussions négatives sur le groupe. En rentrant de la conférence, je suis arrivé en retard au repas de l'équipe. J'étais très fermé et encore vexé par cet épisode. J'ai sans doute transmis mon énervement et mon stress à mes joueurs. La défaite, le lendemain, était donc logique.

Toujours est-il que la saison est terminée et que nous allons entamer notre dernière année de contrat sans avoir remporté le moindre titre. Avec Fabrice, je prévois alors un voyage de trois semaines en Afrique du Sud. Mes anciens partenaires de la Western Province étant, eux aussi, passés de l'autre côté de la barrière, c'est l'occasion de nous nourrir de leur expérience. Nous allons enchaîner des étapes d'une semaine dans trois provinces, en totale immersion : chez les Bulls de Pretoria, à la Western Province, au Cap, et enfin à Durban, chez les Natal Sharks, où mon ami Dick Muir est entraîneur depuis deux ans. Dick nous ouvre toutes les portes. Une chose attire particulièrement notre attention. À chaque début de saison, il organise des « 360 » avec ses joueurs. L'objectif est simple : découvrir ce que les joueurs pensent de lui, de son management et de ses méthodes de travail. On appelle ça le « 360 » parce que c'est un tour sur toi-même, où ton environnement te juge. Ça se révélera très instructif...

C'est à Bort-les-Orgues, en Corrèze, lors de notre stage d'avant-saison, que j'organise ces sessions de tête à tête avec les joueurs. Honnêtement, je m'attendais à ce que l'on me dise : « Tu es super pointu. Tu nous proposes vraiment un contenu haut de gamme. On s'éclate avec toi… » Et là, je tombe de haut ! Les retours sont assez négatifs. On me reproche d'être parfois nerveux. Les joueurs semblent ne pas toujours comprendre ce que je veux. Certains d'entre eux font également référence à l'épisode de la demi-finale contre Toulouse et à ma mauvaise humeur pendant la préparation de la rencontre. Ces entretiens sont un échec personnel. Je me rends compte que quelque chose cloche dans mon management. Indiscutablement, je n'ai pas la bonne attitude. Quand on est un leader, la posture est très importante. 90 % de ton management est non verbal. L'image que tu renvoies aux joueurs au quotidien est alors déterminante. En quelque sorte, j'ai payé pour l'apprendre. En tout cas, cela a permis de mettre les choses à plat pour redémarrer la saison sur de nouvelles bases.

D'ailleurs, je me rends compte immédiatement qu'il se passe quelque chose durant ce stage. L'équipe vit bien. Tous les joueurs sont présents, il n'y a pas de blessés. L'ambiance est très bonne, et nous nous retrouvons avec Fabrice, rien que tous les deux, Steve Meehan ayant quitté le club à l'intersaison. Nous allons pouvoir travailler main dans la main et exposer un projet que nous maîtrisons mieux, car nous prenons de l'assurance dans nos discours. Pendant deux ans, Max nous a mis dans le tambour de la machine à laver du Stade Français et, après avoir été secoués dans tous les sens, nous en sortons finalement indemnes. Soudés comme jamais et déterminés à réussir. Ensemble !

Nous décidons d'instaurer « le tribunal », un procédé que j'ai expérimenté avec l'équipe de France lors de la Coupe du monde 2003 en Australie. Ainsi, cinq joueurs sont désignés pour confier des missions au reste de la troupe et organiser les soirées. La clôture du stage atteint des sommets ! À la nuit tombée, après un bon repas, nous allumons le stade Alain-Mimoun, où nous nous entraînons. Les joueurs ont concocté de nombreuses épreuves pour la suite de la soirée. C'est un peu les jeux du cirque, avec des bizutages pour les recrues. Du délire !

De notre côté, avec Fabrice, nous avons mis en place une première épreuve obligatoire : le jeu du penalty, qui consiste à ingurgiter, cul sec, la moitié d'une bouteille d'alcool à l'aide d'un tube plongé à l'intérieur. Le genre de truc débile qui t'assomme d'entrée de jeu ! Ensuite, il y a l'épreuve du 400 mètres. Première course, Alexis Savigny, notre docteur bien en chair, est aligné avec tous les rapides de l'équipe. Dans le premier virage, il se claque et termine en roulé-boulé dans le décor. Il voulait rester au contact mais n'était visiblement pas en condition ! Quelques minutes plus tard, un commando est chargé de kidnapper Domi. Une fois déshabillé et menotté, il est embarqué dans la camionnette du club et largué à quelques kilomètres, complètement nu, dans un restaurant du centre-ville de Bugeat, au milieu d'une clientèle effarée !

Pendant ce temps, au stade, la soirée bat son plein. Il y a des jeux avec des œufs, des gages avec des pompes… Bref, une sorte de kermesse géante. Les joueurs m'ont réservé une épreuve sur mesure. Comme je leur ai demandé pendant une semaine d'être particulièrement agressifs sur les zones de ruck, c'est à mon tour de m'y coller face aux « gros », et notamment Rodrigo Roncero. Ce dernier se montre particulièrement sympa en me laissant le bouger gentiment. En temps normal, j'aurais pris un mur dans la gueule ! C'est donc une soirée géniale, à l'image de notre stage, avec des grands moments de franche rigolade.

Nous le méritons car nous avons tous bien travaillé. Avec Fabrice, bien sûr, mais aussi avec Alain Elias. Ce dernier met de l'huile dans les rouages, adore les joueurs et sait se rendre indispensable. Il est un peu tordu aussi, car il aime que l'on ait des problèmes pour mieux les résoudre ensuite ! Une occasion d'exercer ses talents se présente plus tôt que prévu : au moment où, en fin de soirée, la gendarmerie locale nous ramène notre Dominici national en nous informant qu'une plainte pour exhibitionnisme a été déposée… Alain nous arrangera l'affaire.

Au cours de cette saison 2006-2007, nous allons survoler les débats. De la première à la dernière journée, nous ne quitterons jamais le fauteuil de leader du championnat. C'est une période de plénitude, sur le plan sportif, mais aussi dans ma vie de tous les jours. Cela fait deux ans maintenant que je me suis installé en famille à Meudon, et nous sommes heureux d'avoir opté pour ce choix. Nous habitons dans une vieille maison bourgeoise, une copropriété divisée en cinq parties sur un grand parc qui offre un terrain de jeu fantastique aux enfants. Nous occupons une meulière, jadis dédiée au personnel de cette grande bâtisse et fabriquée avec les pierres de la carrière de Meudon à la fin du XIXe siècle. C'est un endroit reposant. J'adore l'environnement qui nous entoure. Chaque matin, j'entre dans la forêt royale par la route qu'empruntait la reine quand elle quittait Paris pour rallier Versailles, au XVIIIe siècle. D'ailleurs, pour être exact, il y a davantage de pistes que de routes dans cette partie domaniale. Tout le long, des chênes centenaires vous invitent à vous enfoncer dans des sous-bois silencieux, où l'on peut apercevoir des étangs qui servaient autrefois à alimenter en eau les fontaines et les jardins du château de Meudon, avant qu'il ne soit rasé sous la Révolution. Je me documente beaucoup sur cette période de l'histoire car ces lieux m'inspirent énormément. Lorsque j'arrive enfin sur ce terrain à l'ancienne, entouré de balustrades, je mène mes séances d'entraînement avec un plaisir certain et une forme de quiétude intérieure immense.

Pourtant, en mars, un stage manque de tout foutre en l'air. On débarque à Tignes pour quatre jours afin de casser la routine. Le deuxième soir, nous décidons de passer la nuit dans un refuge en haute altitude.

Arrivé sur place, le tribunal se réunit et décide d'organiser une course de luge à la frontale : une descente de 1 000 mètres que quelques gars ont repérée en journée ! Avant de nous lancer, on nous informe que, dans le mur, un passage dangereux situé sur la gauche est à éviter absolument. Top départ ! Je fais partie des premiers sur la piste et je suis très inquiet car je me fais de grosses frayeurs. J'ai comme un mauvais pressentiment... Avec l'éclairage faiblard de la frontale, il est difficile de se repérer dans la pente, et je sais que tous ne seront pas aussi prudents que moi qui ai effectué les trois quarts du parcours avec le frein tiré ! Ma prédiction se révèle malheureusement exacte. Quelques instants plus tard, le capitaine Bibi Auradou ne respecte pas les consignes et tire à gauche dans le mur. Après un vol plané spectaculaire, il tombe lourdement sur le flanc. Bilan : luxation de l'épaule et saison, a priori, terminée.

Nous décidons d'avertir le président Guazzini, en vacances au Brésil. Bien entendu, nous ne lui donnons pas la version officielle et lui expliquons que David a glissé sur une plaque de verglas en sortant de l'hôtel. L'avant-dernier jour, Sylvain Marconnet se fout la jambe en l'air en allant skier avec sa fille. Les conséquences sont encore plus lourdes puisque, suite à cette double fracture tibia-péroné, Sylvain manquera la Coupe du monde de rugby 2007 en France. Le stage est donc catastrophique ! Nous perdons un deuxième joueur majeur de notre effectif. Apprenant cette mauvaise nouvelle, Max est évidemment fou de rage. Il m'envoie un message incendiaire. « C'est n'importe quoi ! Plus jamais ça, Fabien ! Plus jamais ! » J'ai vraiment le moral à zéro. Je me dis qu'on vient de flinguer la saison ! Je ne réponds pas à chaud au SMS de Max. Le lendemain, sur le chemin du retour, je lui envoie : « Tu as raison, on ira tous au Brésil avec toi l'année prochaine… » Réponse immédiate : « Ha, ha, ha ! Très drôle ! » Notre relation marchait ainsi, avec beaucoup de second degré.

Pour couronner le tout, à ces deux coups durs s'ajoute le problème d'intégration d'Agustin Pichot. Le capitaine de l'équipe d'Argentine soigne une pubalgie depuis son arrivée, mais la guérison prend plus de temps que prévu car il ne respecte pas les consignes du staff médical et n'écoute pas non plus les préparateurs physiques. Ces informations me reviennent aux oreilles, et je décide de lui parler. Au moment de le convoquer avant l'un de nos entraînements, je sais que je joue gros car il n'est pas tout à fait un joueur comme les autres. C'est un personnage très charismatique, qui a l'habitude de fonctionner à sa manière, d'être un peu considéré comme une star. Il exerce une influence importante sur la colonie argentine de notre effectif : les Roncero, Hernandez ou encore le jeune Pedro Ledesma. Je dois donc le recadrer sans le braquer car l'entrevue se déroule sur le terrain, devant le reste du groupe : « Écoute, Agustin, tu ne peux pas te comporter comme tu le fais depuis ton arrivée au club ! Il faut que tu fasses confiance aux gens qui t'entourent. Je ne suis pas satisfait de toi et te demande donc de quitter l'entraînement. Remets-toi un peu en question et, quand tu seras prêt à travailler avec nous, on en reparlera. » Cela a pris trois mois. Après de très bons matchs avec les espoirs du club, je le convoque en décembre pour jouer contre Narbonne car Alexandre Albouy et Jérôme Fillol, nos deux demis de mêlée, sont blessés. Agustin réussit un match énorme et, par la suite, va nous tenir la baraque tout l'hiver. À tel point que je vais le nommer capitaine, courant mars.

Pour autant, au moment de disputer notre dernier match à Agen avant les phases finales, il nous manque des joueurs importants pour la vie du groupe. À l'issue de notre victoire, nous décidons de rester dans la région pour préparer la demi-finale qui doit se jouer à Bordeaux. L'objectif est de souder l'équipe. À deux jours de la rencontre, je dois donner ma composition. David Auradou est en phase de reprise et a soigné sa luxation de l'épaule plus vite que prévu, ce qui bouleverse un peu nos plans. Je dis à Fabrice :

« Nous allons convoquer Pierre Rabadan, Mike James, Christophe Dominici, Agustin Pichot et Mathieu Blin, cinq joueurs importants, pour les consulter.

– OK. Bonne idée, allons-y ! »

Ces joueurs sont à peine entrés dans ma chambre d'hôtel que j'enchaîne :

« Voilà le dilemme : aujourd'hui, la meilleure deuxième ligne dont nous disposons, c'est Marchois-James parce qu'ils ont fait toute la seconde partie de saison et ont été très bons. Dans la hiérarchie, en numéro trois, postule Radike Samo, qui a enfin soigné sa blessure au genou. Lui, c'est un ovni ! Il est au-dessus de tout le monde mais n'a pas suffisamment joué pour être titulaire. Et puis il y a Bibi qui revient. Maintenant que vous avez les données du problème, que fait-on avec lui ?

– Il faut qu'il soit dans le groupe. Il est trop important ! »

La réponse est unanime. Bibi est adoré de ses coéquipiers. C'est une figure centrale à tous les niveaux. Nous décidons donc de composer une équipe avec cinq avants sur le banc et deux trois-quarts seulement. Parmi les cinq de devant, nous plaçons Samo et Auradou. La veille du match, Rodrigo Roncero nous annonce qu'il doit remonter de toute urgence à Paris car sa femme est sur le point d'accoucher. C'est la panique ! Rodrigo est le meilleur pilier de notre équipe, et son influence sur notre paquet d'avants est considérable. Nous consultons alors les horaires des vols pour trouver éventuellement un avion qui le fasse revenir juste avant le match. Nous le laissons partir sans savoir s'il reviendra à temps… Je m'apprête à vivre l'une des pires nuits de ma carrière d'entraîneur !

Le lendemain, Rodrigo arrive une heure avant le coup d'envoi. C'est un immense soulagement. Malgré sa présence, la rencontre est compliquée. Six partout à la pause. Je décide alors d'incorporer du sang neuf.

Auradou, Samo et Liebenberg vont renverser le cours du match. Les deux derniers nommés marquent chacun un essai et nous font gagner la rencontre. Victoire 18 à 6. Au coup de sifflet final, Rodrigo s'approche de moi et m'enlace. Il me glisse à l'oreille : « Elle s'appelle Lola ! » Nous n'avions même pas eu le temps de le féliciter ! En tout cas, lui et les autres nous ont fait un énorme cadeau en nous offrant notre troisième finale en trois ans.

De son côté, Clermont a battu Toulouse au Vélodrome de Marseille et est bien décidé à ramener le bouclier en Auvergne pour la première fois de son histoire après neuf finales perdues !

La semaine du match, la pression se fait sentir à tous les étages. Max m'appelle : « L'agent de Sergio Parisse n'est pas content. Il m'a dit qu'il allait partir ! L'agent de Lionel Beauxis aussi n'est pas satisfait... » Ce petit jeu des agents est nouveau. C'est une sorte de chantage à l'approche des grandes échéances, dont il faut pouvoir faire abstraction. C'est le côté néfaste du professionnalisme. Après concertation, nous décidons de remettre sur le banc Bibi et Radike Samo. Le seul changement majeur concerne Antoine Burban, qui sort du groupe au profit de Sergio. Non pas que nous cédions à la pression extérieure, mais nous estimons que la jeunesse d'Antoine peut le faire passer à côté de l'événement. En revanche, un Sergio en colère et revanchard après avoir vécu le match de Bordeaux en tribune peut se transformer en arme fatale en seconde mi-temps.

À la veille du match, à Chantilly comme toujours, je me mets en retrait et observe. Je trouve le protocole particulièrement réussi. Autant la première année, cela avait été un fiasco pour deux finales perdues, autant là, c'est bien. Je sens de la bienveillance et de la sincérité lors de la remise des maillots. Je vis cet instant avec beaucoup de détachement. Je suis heureux de les voir heureux. Ému de les voir émus. C'est un moment rare.

Le lendemain, la finale débute très mal. Nous sommes mis à la faute par une très belle équipe auvergnate et sommes menés 9-0 à la mi-temps. Dans les vestiaires, je me rappelle alors de ce que j'ai appris lors de mon voyage avec Fabrice en Afrique du Sud : les fameux « 360 » ! J'abats une carte qui n'est pas forcément la mienne. Je pourrais leur dire ce que je ressens vraiment, à savoir que c'est notre troisième finale et que nous n'avons pas le droit de la galvauder comme nous sommes en train de le faire. Mais plutôt que ce type de discours négatif, je préfère jouer le mec super confiant : « C'est très bien ce que l'on fait, les gars. Ça va aller. On va gagner ce match, ne vous inquiétez pas ! Dès qu'on aura marqué nos premiers points, tout va s'enchaîner. »

Pourtant, dès le début du second acte, on prend une

nouvelle pénalité : 12-0. Rien ne fonctionne vraiment, et je vide quasiment tout mon banc de touche assez tôt dans le match, autour de la 50e minute. Parisse, Szarzewski, Auradou, Samo et Liebenberg entrent en piste. Agustin Pichot marque un essai à la 68e minute, et Radike Samo en rajoute un dix minutes plus tard. 23 à 18, nous sommes champions !

C'est avant tout un énorme soulagement parce que, ainsi, je rends au Stade Français ce que je lui avais pris. En tout cas, c'est ce que l'on m'a fait sentir lors des deux années qui viennent de s'écouler. Ensuite, c'est un grand moment de partage et de communion avec Fabrice. Nous ne sommes pas là, à nous approprier ce titre comme celui que nous avons gagné ensemble sous ce maillot en 2003, mais c'est très agréable tout de même. En un sens, c'est l'aboutissement d'un apprentissage difficile. Nous avons su faire les bons choix, que ce soit avec Agustin Pichot ou Bibi Auradou, et nous avons réussi à évoluer au cours de nos trois années d'entraîneurs. Nous sommes parvenus à déchiffrer la carte des partenaires. Comprenez, dans tout groupe, que ce soit dans le monde du sport ou de l'entreprise, il y a des alliés, des distants, des actifs et des passifs. Au fur et à mesure, à force d'observer les comportements, les relations entre les individus, nous avons obtenu une vision plus fine et détaillée de notre équipe. Nous avons identifié des choses qui nous avaient échappé par le passé. Notre mode de management a lui aussi changé. Il y a trois

novembre 2008 à Marseille pour un test-match contre la France. Pendant quatre jours, j'élabore une stratégie avec le staff au grand complet. Mon job consiste, d'une part, à leur donner un maximum de conseils sur l'animation offensive et défensive et, d'autre part, à leur apporter un décryptage des organisations de leurs futurs adversaires. Cela me prend quatre jours par semaine, avec un investissement de vingt heures sur vingt-quatre. Ce format de travail me plaît. C'est ponctuel, ramassé dans le temps et intense. Pour ma première collaboration, l'équipe s'en sort plutôt pas mal et s'incline de peu au Vélodrome (12-6) contre le XV de France. Cependant, à titre personnel, c'est ma « première défaite » à Marseille. Une semaine plus tard, à Turin, les Pumas battent l'Italie, et la tournée s'achève à Dublin par une défaite face à l'Irlande. Il y a du pain sur la planche…

À cette époque, l'Argentine est le parent pauvre du rugby international. Les Pumas ne participent à aucune compétition majeure organisée par l'IRB, et les joueurs sont, pour moitié, encore amateurs.

En juin 2009, je rejoins le groupe à Manchester pour préparer la double confrontation face à l'Angleterre. La première manche a pour théâtre le magnifique stade d'Old Trafford, à Manchester. L'équipe s'accroche mais s'incline 32 à 15. La semaine suivante, la revanche est programmée à Salta, au pied de la cordillère des Andes, au nord-ouest de l'Argentine. C'est mon premier contact avec le pays, et je ne suis pas déçu du voyage. L'anecdote est savoureuse ! Pour bien comprendre le contexte, rappelons que la guerre des Malouines, qui a opposé l'Argentine au Royaume-Uni en 1982, a laissé des traces et que toute victoire sur l'Angleterre est bonne à prendre. L'attente est donc énorme lorsque je débarque sur le sol argentin, et je vais me rendre compte que, parfois, tous les moyens sont bons pour réussir... Pour rallier Salta, les Anglais ont décidé de faire un arrêt à Buenos Aires. Martin Johnson, le sélectionneur de l'époque, va commettre une terrible erreur. Le lundi précédant le match, il a la mauvaise idée d'aller faire des photocopies de leur plan de jeu dans une petite boutique du centre-ville, afin de les distribuer aux joueurs. Mais, en repartant, il oublie l'original dans la photocopieuse. Le gérant du magasin s'empresse de contacter le staff de l'équipe d'Argentine. Le lundi soir, nous possédons donc tous les détails tactiques du XV de la Rose ! Nous décidons de ne rien dire aux joueurs sur ce drôle d'épisode et n'allons par tarder à passer pour des génies ! Le lendemain matin, lors du briefing d'avant-match, je me retrouve ainsi à faire un cours magistral sur le jeu anglais : « Les gars, ça fait deux jours que l'on bosse à mort avec Tati Phelan sur les combinaisons anglaises. Nous avons tout identifié, et je vais vous expliquer comment les contrer ! » La séance du tableau noir dure deux heures : « Voilà ce qu'ils vont faire en attaque… Voilà comment ils vont défendre… Il n'y aura pas de surprise ! » Les mecs sont bluffés ! Le samedi suivant, après vingt minutes de jeu, l'Argentine a déjà marqué trois essais et mène 24 à 3. Un plan sans accroc ! Ensuite, en revanche, tout se gâte un peu, car l'équipe explose physiquement. À la mi-temps, la moitié des joueurs a des crampes, mais les Pumas tiennent leur victoire : 24 à 22 ! Aujourd'hui, je raconte cette histoire car il y a prescription. Mais, depuis ce jour, je ne couche jamais un plan de jeu sur papier. Je l'expose à mes joueurs sur un tableau puis l'efface après la séance de travail. Quitte à refaire cette manœuvre à l'infini.

L'année suivante, je reviens avec beaucoup d'appétit à Buenos Aires pour la série de tests de juin. Encore une fois, le rugby est un passeport formidable pour voyager et découvrir de nouvelles cultures. La différence, cette fois-ci, c'est que je ne voyage plus seul. Sur mon porte-bagages, il y a toute ma famille : ma femme et mes deux enfants, Mathis et Jane. Nous nous installons pour six semaines dans une maison d'hôte au cœur du quartier populaire de San Telmo : la Posada de la Luna. Le cadre est idéal. À la fin du XIXe siècle, ce vieux quartier de Buenos Aires a été déserté par ses habitants à cause de la peste. Par la suite, les gens sont revenus en masse habiter les maisons coloniales de cette partie très pittoresque de la ville. Les rues pavées et l'architecture très « haussmannienne » rappellent d'ailleurs Paris. Avec le temps, ce coin est devenu très « bobo », avec ses antiquaires, ses places où se déroulent des spectacles de tango et ses marchés traditionnels. Ainsi, nous sommes totalement immergés et imprégnés de la culture locale. Pour mes enfants, que nous avons déscolarisés fin mai, c'est une formidable expérience. Ils découvrent un nouvel univers et une autre façon de vivre. Aujourd'hui, je pense qu'ils en ont tiré profit. Les voyages forment la jeunesse ! Mon expérience en Argentine, c'était donc tout ça : il y avait le rugby, beaucoup de rugby, et cette rupture très riche que je vivais avec les miens.

Le mois de juin 2010 est fantastique, jusqu'au match contre l'équipe de France. Toute la semaine, je travaille comme un fou pour préparer la rencontre. Mais, cette fois-ci, je ne peux pas compter sur la photocopie du plan de jeu de l'équipe adverse... Le groupe est prêt, il a tous les outils pour réussir. La performance des Pumas, le 26 juin au stade Vélez Sarsfield de Buenos Aires, va dépasser, de loin, tout ce que j'ai pu imaginer. Les Bleus sont balayés ! J'éprouve un sentiment très particulier durant les vingt dernières minutes du match. Dans la petite cahute où je suis installé avec le staff argentin pour suivre la rencontre, la satisfaction est immense. L'Argentine est en train de vivre sa plus large victoire contre les Français. Tati Phelan et Martin Gaitan s'embrassent et se congratulent. Pour ma part, je suis à la fois très heureux pour eux, car ils sont devenus de vrais amis, mais aussi très mal à l'aise. Au fond, je suis français avant tout, et voir les Bleus humiliés 41 à 13 ne m'enchante pas du tout ! Ce « triomphe argentin » ne me convient pas.

Je pense que c'est en partie pour cette raison que mon aventure avec les Pumas s'est arrêtée après ce match. La fédération me proposait pourtant de prolonger jusqu'à la Coupe du monde mais, au-delà de la longueur de la préparation qui impliquait cinq mois loin de ma famille, j'ai refusé parce que quelque chose m'avait gêné ce jour-là. Néanmoins, cette expérience fut formidable.

Pendant ces deux années, Fabien a reçu de nombreuses propositions de la part de clubs français. Le Stade Français est revenu à la charge, Bayonne a également formulé une belle offre, et Montpellier montre depuis un an déjà un intérêt certain au technicien. Désormais libre, tout devient possible.

L'énergie retrouvée, je suis de nouveau prêt à m'embarquer dans la vie quotidienne d'un club. Mais lequel ? Montpellier insiste vraiment. J'accepte donc d'aller visiter leurs installations haut de gamme. Le stade Yves-du-Manoir, conçu pour la Coupe du monde en France en 2007, offre indéniablement un grand confort de travail. Pourtant, rugbystiquement et culturellement, ce club ne m'attire pas du tout. Mais j'y réfléchis quand même. D'autant que ma femme désire absolument quitter Paris pour offrir un autre cadre de vie à nos enfants. Et puis, à la fin du mois de mai 2010, je reçois un coup de fil qui va tout faire basculer : « Salut, Fabien ! J'ai signé à Montpellier. Tu viens avec moi tenter l'aventure ? » C'est Éric Béchu. Peu de temps auparavant, il s'est fait « bazarder » d'Albi, un club qu'il avait pris tout en bas pour l'amener dans l'élite. Éric, mon éducateur en cadet à Colomiers, mon précepteur, mon ami de toujours. Nous sommes restés très proches. Nous nous sommes croisés lors des rencontres Stade Français-Albi en championnat, et nous avons créé des stages « Rugby Passion » à Saint-Lary-Soulan, où nous passions une partie de nos étés. Je lui dois beaucoup, et il est peut-être temps de lui rendre la pareille... Oui, il est temps que l'on se retrouve !

Je lui propose donc de venir passer quelques jours à Meudon pour évoquer notre future collaboration. « C'est bien, ça ! J'étais la chèvre attachée au piquet, et je n'avais plus qu'à attendre que le loup arrive ! » s'exclame-t-il en débarquant à la maison. Éric a toujours eu l'art de la métaphore. Et il a raison. Pour me convaincre de signer à Montpellier, le président ne pouvait pas mieux s'y prendre. Pendant deux jours, nous mettons au point notre mode de fonctionnement. J'ai des idées très précises sur le contenu et les différents systèmes de jeu que je souhaite mettre en place. C'est une réflexion qui arrive à maturité et résulte de mes précédentes expériences au Stade Français et au côté de l'Argentine. Éric acquiesce. Sans surprise, nous sommes sur la même longueur d'onde : « OK, on fonce comme ça ! Moi, je vais me concentrer sur la touche, la conquête et le jeu d'avants. Ça va être bien ! »

Ou pas...

Les premiers jours à Montpellier se révèlent surréalistes. Je descends seul et m'installe chez Éric. Ma femme est restée à Meudon avec les enfants pour faire les cartons, car nous avons mis en vente notre maison. Mais, en arrivant au club, rien ne se passe comme prévu ! Au bout d'une semaine, le président qui nous a fait venir, Thierry Pérez, quitte son poste. Les engagements contractuels sont caducs, la maison que nous devions avoir n'existe plus, et les premiers entraînements sont lunaires ! Lors de notre deuxième semaine, en plein milieu de la séance, une voiturette de golf fait son apparition sur le terrain. À son bord Georges Frêche, et tout autour une nuée de caméras et de journalistes. Georges Frêche est LE personnage local, le patron de la région, l'ancien maire, l'ancien conseiller régional... Bref, le pape de Montpellier. Celui qui décide de tout, partout et sur tout.

Une fois la voiturette stoppée, Frêche descend, interrompt l'entraînement et nous lance : « Monsieur Galthié, vous êtes sur mes terres et vous n'êtes même pas encore venu me saluer ! Et vous, monsieur Béchu, c'est pareil. Pourtant, vous êtes ariégeois comme moi, ce qui aurait dû vous inciter à le faire. » Ça commence bien ! Alors que nous n'avons plus de contrat de travail, ce monsieur Frêche vient marquer son territoire et nous annonce que c'est lui qui tient le club et a le droit « de vie ou de mort » sur nous. Je ne peux pas m'empêcher de me dire : Mais où as-tu mis les pieds ! En sortant de l'entraînement, je m'empresse d'aller voir Denis Navizet, le directeur général du club : « Écoute, Denis. Laisse tomber, laisse-moi partir ! Je devais avoir une maison, mais je n'ai rien. Je ne suis pas payé et j'habite chez Éric. Ma femme doit inscrire les enfants à l'école pour la rentrée, mais je ne sais pas quoi lui dire. C'est un beau bordel ! » Il est désolé et me promet que nous allons trouver une solution.

C'est le flou artistique le plus total mais, heureusement, ma femme prend les choses en main. Elle est vraiment déterminée à changer de vie et fonce tête baissée. En une semaine, elle trouve une maison et inscrit les enfants à l'école. Désormais, c'est une certitude : nous allons vivre ici. Mais qu'en est-il du rugby ? Je suis prêt à tout envoyer balader. Éric a alors une idée géniale : il décide d'organiser un stage avec toute l'équipe dans son village de Saint-Girons, dans l'Ariège. Durant une semaine, nous nous régalons ! Pour commencer, nous partons trois jours en randonnée afin de faire l'ascension du mont Valier, une bonne manière de nous découvrir. En effet, nous ne connaissons aucun joueur, à l'exception de Fulgence Ouedraogo et François Trinh-Duc, qui ont un peu fait parler d'eux jusque-là. Tous les soirs, avec Éric, nous nous organisons d'ailleurs des « interros » surprises sur le nom des autres joueurs de l'effectif. C'est rigolo.

Finalement, c'est ainsi que démarre notre aventure avec ce groupe. Je suis heureux au côté d'Éric, et ma famille se plaît dans notre nouvelle maison. Je décide donc d'avancer comme ça, un peu à la petite semaine !

Au-delà des problèmes financiers du club, il faut reconnaître que nous bénéficions d'installations de haut niveau, ce que je n'ai jamais connu jusqu'alors. Sous le stade, une multitude d'espaces sont mis à notre disposition pour installer une salle vidéo, une salle de vie, un bureau pour les entraîneurs… Une immense pièce est déjà dédiée à la musculation, et une autre aux kinés du club. C'est vraiment du très haut de gamme.

Pour autant, ce club est neuf dans l'élite du rugby français et, chaque saison, bataille pour le maintien. Mais nous nourrissons d'autres ambitions pour lui. Il s'agit de bien le faire comprendre aux joueurs. Nous savons qu'il est important de soigner la présentation de notre projet et de notre approche auprès d'eux. Déjà, lors de nos premières séances d'entraînement, certains retours se sont révélés un peu négatifs. François Trinh-Duc, porte-parole des joueurs, est venu me dire que c'était trop dur, que les séances étaient trop nombreuses. J'entends ses doléances. Je comprends ce qu'il ressent et la nécessité pour nous de nous adapter. Nous sentons que le groupe est malléable, mais nous devons être en permanence à leur écoute. Nous décidons donc d'être un peu plus ludiques dans certains exercices. Il faut changer les particulièrement poignante. Tout le monde fait maintenant partie intégrante de l'aventure ! C'est vraiment bien.

Le lendemain, cinquante-cinq mille supporters montpelliérains sont là pour nous encourager. Le stade est tout acquis à notre cause, et cela nous donne des ailes. Après un début en fanfare, nous menons 13-6 à la mi-temps, puis nous marquons un nouvel essai. Mais le Racing fait parler sa puissance et semble revenir inexorablement. Nous menons 26 à 25, il reste une poignée de secondes à jouer, et les Franciliens nous pilonnent dans les 22 mètres. Drop de Wisniewski sous les poteaux… Manqué ! On est en finale ! C'est fou, insensé, irrationnel, mais tellement bon ! Avec Éric, on vit un truc incroyable. On tombe dans les bras l'un de l'autre. On repense au début de saison, lorsqu'on était des colocataires sans contrat de travail. Désormais, nous sommes les entraîneurs d'une équipe finaliste du championnat dès notre première année. Fantastique !

En repartant du stade, dans le bus, je lui dis : « Il ne faut pas que les mecs sortent, cette fois-ci. Il faut que l'on reste entre nous. On va s'arrêter à Arles pour boire des coups et faire un peu la fête, mais il faut tout faire pour qu'à notre retour à Montpellier, ils rentrent chez eux ! » En arrivant à Arles, dans un pub assez sordide d'ailleurs, je prends tout de suite la parole : « Les gars, on va boire quelques coups, car vous l'avez bien mérité. Mais après, c'est fini. Vous sortirez samedi prochain mais pas ce soir. Croyez-moi, j'en ai joué des finales et il ne faut pas sortir avant. Il reste un match, les mecs. Un ! »

Ils sont sortis...

Et c'était une erreur !

Le dimanche, nous avons rendez-vous avec Éric pour un pique-nique en famille dans les gorges de l'Hérault. Il y a aussi mon frère Patrice, sa femme et ses enfants, ainsi qu'un ami d'enfance, Fred Autret. Ce sont des moments que nous aimons partager quand les beaux jours arrivent. Dans le cadre majestueux du pont de Saint-Étienne d'Issensac, nous mangeons du fromage avec du bon pain, buvons du vin de la région et profitons de nos femmes et de nos enfants. Avec Éric, lorsque nous sommes un petit peu alcoolisés, nous aimons faire un jeu qui faisait honte à nos familles respectives. Surtout Isabelle, la femme d'Éric ! Nous nous mettons des algues géantes sur la tête et nous nous attaquons aux canoës-kayaks qui descendent les gorges de l'Hérault. Sortis de nulle part, au rythme des « Houba, houba ! », nous retournons tout le monde. Parfois, certains kayakistes croient nous reconnaître malgré nos artifices : « Hé ! Mais vous ne seriez pas Béchu et Galthié ? » Et nous, pour seule réponse : « Houba, houba ! », notre cri de ralliement. Ce sont des moments merveilleux. Et encore plus en ce dimanche.

De retour au club, le lendemain, ma légèreté m'a quitté. Je reprends de volée le groupe sur leur sortie nocturne et leur annonce que nous allons monter à

Dans l'avion du retour qui ramène l'équipe à Montpellier, Fabien est très malade, dans un état d'ébriété avancé. À la descente du bus, il décide de rentrer chez lui et de ne pas se rendre avec les joueurs dans le centre-ville, où les supporters ont prévu de les fêter, place de la Comédie.

Je n'aime déjà pas le triomphe dans la victoire, alors dans la défaite... Et puis, je suis vraiment malade ! Très gentiment, Éric se propose de me ramener chez moi, et ce n'est pas rien car j'habite dans les contreforts des Cévennes, à une quarantaine de kilomètres de Montpellier. Trois quarts d'heure plus tard, il me couche et me borde avec une bienveillance qui le caractérise tant. Lui a tenu quand moi je me suis écroulé. À cet instant, il me paraît tellement solide, tellement indestructible !

Pourtant, cinq mois plus tard, alors que nous préparons notre dixième match de la saison contre Lyon, Éric est très fatigué et doit passer des examens. Cela fait déjà plusieurs semaines qu'il se plaint de douleurs abdominales. Je décide de l'accompagner à l'hôpital et laisse Didier Bès, le responsable de la mêlée, partir seul avec l'équipe. Nous les rejoindrons dans la soirée. Après une batterie de tests, le diagnostic tombe. Brutal, inattendu, violent, injuste : cancer du pancréas.

Le ciel nous tombe sur la tête. Je suis vraiment sous le choc. Au moment de retrouver le groupe à l'hôtel pour le briefing, je suis éteint, anéanti, mais j'essaie de ne pas trop le montrer. Je laisse faire Éric. Il parle, donne ses consignes, agit comme si de rien n'était. Le jour du match, je ne me pose pas la question. Je déserte la tribune, où j'ai l'habitude de suivre les rencontres, pour m'asseoir sur le banc à ses côtés. Ma place est ici. Je ne sais vraiment pas ce que l'avenir nous réserve et je veux suivre la partie auprès de lui. L'équipe fait un match magnifique, victoire avec bonus. Après un début de saison difficile, en raison de nombreuses absences liées à la Coupe du monde en Nouvelle-Zélande, le groupe réagit et retrouve le haut du tableau. Mais l'important n'est pas là. Nous nous préparons à un combat bien plus long, plus dur encore et surtout plus essentiel.

De retour à Montpellier, j'apprends qu'Éric doit se faire opérer dans huit jours, juste après notre prochaine rencontre à Biarritz. Le début d'un long tunnel. Réunis à Capbreton la veille au soir, nous laissons les joueurs dîner à l'hôtel. Éric a fait venir sa famille, et nous allons manger de notre côté au restaurant. Le lendemain, je le laisse une nouvelle fois tout faire. L'échauffement, la causerie d'avant-match, je n'ai pas le cœur à ça et je sais aussi que ce sont peut-être ses derniers instants d'entraîneur. L'équipe gagne, encore une fois avec le bonus. Retour au vestiaire.

« Messieurs, j'ai quelque chose d'important à vous dire. Il faut que je me soigne. Je vais vite revenir, peut-être d'ici fin janvier. Merci de votre attention. » En deux phrases, Éric vient peut-être de dire adieu à cette équipe qu'il aime tant. Je suis fébrile, mal à l'aise, je ne sais pas quoi penser. Un coup, je me dis qu'il va revenir et puis, quelques heures plus tard, je dois reconnaître que c'est impossible. Je vais le voir souffrir, dépérir, perdre près de cinquante kilos. Quand tu accompagnes quelqu'un comme ça, dans la maladie, tu as toujours le sentiment de ne pas bien faire les choses, de ne pas être assez présent ou, au contraire, d'être parfois trop intrusif. Mais, en un sens, tu te bats à ta manière même si, évidemment, elle n'est en rien comparable à son combat à lui.

C'est dur, vraiment dur. Je sens que le rugby peut le faire tenir. Il m'appelle tous les jours pour me donner des conseils. Il continue de préparer les matchs. Le mercredi, je passe le voir pendant sa chimiothérapie, et il ne me parle quasiment que de la rencontre qui arrive. Nous faisons des séances sur Skype pendant les matchs et, parfois, je branche l'ordinateur à la mi-temps dans le vestiaire pour qu'il continue de vivre ses moments de l'intérieur, mais à distance. Il se raccroche beaucoup à ça, et les bons résultats de l'équipe lui donnent du baume au cœur. C'est sans doute le seul véritable réconfort que l'on peut lui apporter. Et l'équipe répond présent. Pourtant, certaines fois, il est entre la vie et la mort, comme ce soir de mai 2012, veille de notre dernier match de la saison régulière à Toulouse. J'apprends par sa famille qu'il vient d'être héliporté de Saint-Girons à l'hôpital Purpan pour être hospitalisé de toute urgence. Nous sommes à l'hôtel, à quelques centaines de mètres de lui ce soir-là, et je préfère ne rien dire aux joueurs. Le lendemain, malgré la défaite, nous sommes qualifiés, comme l'année précédente, pour les quarts de finale. Et Éric s'en est sorti !

Deux semaines plus tard, au moment de retrouver une nouvelle fois Castres sur notre chemin, Éric décide de nous rejoindre pour les derniers jours de préparation. Le match est délocalisé à Toulouse, et j'ai donc décidé de faire l'entraînement du capitaine à Colomiers, pour le clin d'œil. C'est comme un pèlerinage. Tout est bon à prendre et tout ce qui peut le rendre heureux me va bien. Castres nous élimine le lendemain, mais l'état d'Éric s'améliore, et ça suffit à mon bonheur. L'espoir qu'il s'en sorte m'anime chaque jour mais, malheureusement, il n'a jamais beaucoup de répit. En juin, j'ai définitivement cet affreux sentiment qu'il ne reviendra plus à mes côtés. Je me pose beaucoup de questions. Dois-je continuer alors que je suis venu à Montpellier pour vivre cette aventure avec lui ? Mais comment puis-je décider d'arrêter alors que lui me répète à l'envi qu'il va revenir ? « Attends-moi », me dit-il sans cesse. Mais il n'est plus lucide, et je suis las, fatigué. Tout ça n'a plus de sens. Je me sens seul, coincé dans les cordes comme un boxeur groggy. Le club est désormais sain financièrement, grâce au magnifique engagement du président Altrad et, par respect pour lui aussi, je me dois de tenir mes engagements.

Et puis à la mi-juin, le docteur Marchal, qui a opéré Éric, lui ordonne : « Je vous interdis de reprendre votre métier d'entraîneur, monsieur Béchu. Vous devez vous soigner. C'est la priorité, la seule chose qui compte ! » Il fallait que quelqu'un le lui dise. Cet ultimatum déclenche une réaction que j'attendais depuis des mois : « OK, vas-y. Prends quelqu'un. Ça va t'aider », marmonne Éric. C'est une libération pour moi d'avoir enfin son assentiment ! Mais je ne sais pas qui choisir. Il y a bien Stéphane Glas, que je connais et dont le profil m'intéresse. Il entraîne le club de Saint-Savin, près de Bourgoin, depuis deux ans et nous nous appelons régulièrement. Je l'apprécie beaucoup depuis nos années parisiennes et je sens qu'il est prêt à sauter le pas. Et puis Mario Ledesma, que j'ai côtoyé avec l'Argentine, me propose aussi ses services. Il entraîne les avants du Stade Français, où il lui reste un an de contrat, mais les choses ne se passent pas comme il le souhaiterait. Je leur fais une proposition. Ils ont deux jours pour décider de travailler avec moi à condition que, dans les faits, Éric reste l'entraîneur de Montpellier. J'ajoute qu'il est important qu'ils le rencontrent. Stéphane et Mario acceptent sans hésiter et, à la fin de l'été, à l'issue d'un entraînement, nous allons tous les trois rendre une petite visite à Éric à l'hôpital. On parle de tout et de rien, mais c'est un bon moment. À la fin de cette entrevue, Éric me prend en aparté : « Je suis content. Ce sont de bons mecs ! » Sa façon à lui de dire qu'il passe la main. Cela ne me réjouit pas vraiment car je sais que l'idée de pouvoir reprendre du service le maintient aussi en vie. Et je ne me trompe pas. Son état empire de semaine en semaine.

Pour la deuxième année consécutive, Montpellier participe à la H Cup. En cette saison 2012-2013, les résultats sont très bons. Après une quatrième victoire chez les Anglais de Sale, le club se prépare à vivre un dernier match décisif contre Toulon pour la qualification en quart de finale. Nous sommes en janvier, et Éric Béchu est hospitalisé une nouvelle fois à Toulouse.

En rentrant de Sale, je saute dans la voiture pour me rendre à son chevet. J'espère qu'Éric a suivi la rencontre… Je passe le samedi soir avec lui. Le dimanche, je reste à ses côtés tout l'après-midi. Il y a des matchs à la télévision, mais il ne les regarde plus. Et subitement, il me lâche : « Contre Toulon, vous allez jouer avec le brassard noir. » Ces mots me glacent le sang ! Je repars à Montpellier le cœur gros et la gorge nouée. S'il a dit vrai, c'était donc la dernière fois que nous nous parlions. Et il disait vrai. Le mercredi, sa fille Manon m'annonce la terrible nouvelle.

Je décide d'en avertir immédiatement les joueurs. Le décalage est terrible. Tous sont en pleine réunion avec Provale, le syndicat des rugbymen, pour évoquer la dernière mesure prise par le président Altrad. Afin de faire quelques économies, celui-ci a décidé de ne plus fournir de voiture aux joueurs, ce qui ne fait pas l'unanimité. Je décide d'interrompre les discussions : « Je m'excuse, messieurs, mais je voulais vous informer du décès d'Éric. Voilà, je n'ai rien d'autre à vous dire. » C'est pour moi un moment très triste. Je ne souhaite même pas m'attarder dans cette salle pour voir leur réaction. Ces mecs-là sont des professionnels grassement payés, et ils mènent une bataille tellement futile en comparaison de ce qui se passe que je n'ai pas envie de rester avec eux !

Je les retrouve quarante-huit heures plus tard pour un moment plus solennel. Depuis qu'Éric était malade, j'avais décidé d'organiser des séances de recueillement. Il y a beaucoup de sensibilités religieuses différentes dans le vestiaire. Des catholiques, des protestants, des orthodoxes, des athées. C'est pourquoi nous organisions des prières œcuméniques pour Éric, comme ce vendredi, avant l'entraînement du capitaine. Une prière menée comme à chaque fois par Drikus Hancke, deuxième ligne sud-africain au club depuis dix ans, un sage parmi les sages. Puis nous nous rendons aux funérailles, à Saint-Girons. Éric voulait être enterré au fond d'une vallée de son Ariège natale. Nous avons donc respecté sa volonté. Pierre-Henri Julien, notre ami, a joué de la flûte pour lui dire au revoir. C'était bien.

Le lendemain, nous balayons Toulon. Nous sommes qualifiés, pour notre deuxième participation, en quart de finale de Coupe d'Europe. C'est le minimum que l'on pouvait faire pour rendre un dernier hommage à Éric. Mais nous jouons sur les deux tableaux, et les résultats vont être identiques. Défaite en Coupe d'Europe contre Clermont et même punition contre Castres (encore une fois) en championnat. Fin de saison. Fin du tunnel.

En juillet 2013, je décide de signer un nouveau contrat de trois ans avec le MHR. Ainsi, je m'inscris dans un projet de développement porté par Mohed Altrad. Pour ce dernier, il est important de stabiliser le club, et ma prolongation est un signe fort. Pour ma part, après quatre ans d'activité, ce n'est pas forcément le choix le plus facile. D'autant que j'ai eu d'autres opportunités, comme cette proposition de la Fédération anglaise de rugby pour entraîner le XV de la Rose avec Nick Mallett ou, plus récemment encore, le poste de manager général des Pumas argentins pour la Coupe du monde 2015. Mais je veux continuer d'écrire mon histoire à Montpellier car, pour la première fois aussi, mon président me donne les moyens de mes ambitions. Je peux recruter du lourd ! Les All Blacks Rene Ranger et Tuitavake débarquent, tout comme le Springbok Olivier, un autre Sud-Africain Ebersohn, l'Australien Timani ou encore l'Écossais Hamilton. J'ai aussi de nouvelles pépites françaises, avec Jonathan Pélissié et Lucas Dupont. Et puis, après d'âpres négociations, nous parvenons à retenir au club les deux enfants du pays, le capitaine Ouedraogo et François Trinh-Duc.

Malgré tout, je vais rencontrer de nouveaux

problèmes. Après un début de saison très fort, l'avion du MHR se met à planer, puis à piquer, jusqu'à connaître une série de cinq défaites consécutives en championnat, ce qui ne m'était jamais arrivé jusque-là ! Incontestablement, il y a un problème de cohésion. Ma carte des partenaires est brouillée. J'ai des joueurs cadres blessés, des joueurs au gros potentiel pas encore acclimatés et des anciens dans le doute, car plus titulaires. Je n'ai pas anticipé ce trou d'air. L'équipe manque de vécu et d'automatisme. Il y a peut-être eu un turnover trop important depuis l'intersaison, et j'ai beau multiplier les sorties en groupe dans la région et organiser des stages à la montagne ou ailleurs, la mayonnaise ne prend toujours pas. Je n'arrive pas vraiment à identifier les causes réelles de ce début de championnat cahin-caha. En revanche, ce qui est certain, c'est que ce moment est intéressant à vivre car, en matière de dynamique collective, je vais pouvoir en tirer beaucoup d'enseignements. De toute façon, je reste confiant, car ce groupe a un énorme potentiel. Et puis, depuis que j'entraîne, j'ai toujours qualifié mes équipes pour les phases finales.

Au moment où nous écrivons ce chapitre, Montpellier vient de s'imposer à Toulouse pour la première fois de son histoire et a enchaîné la semaine suivante un succès bonifié contre Perpignan, permettant ainsi au club de se replacer à la deuxième place du Top 14, à sept journées de la fin de la saison régulière.

Quoi qu'il arrive, ces quatre années auront été d'une richesse incroyable ! Au fil du temps, je me suis attaché à ce club et à cette région que je ne connaissais pas. Je me sens bien et ne regrette pas mon choix. Cette destination fait partie de mon parcours, de mon voyage. Je n'ai jamais eu de plan de carrière. La preuve, il n'y avait rien de rationnel quand j'ai décidé de venir ici. Je suis comme ça : je me laisse porter par des émotions, des rencontres, des endroits. Et aujourd'hui, je me sens bien dans les gorges de l'Hérault. Lorsque le mois de septembre arrive, j'aime aller dans les vignes pour participer aux vendanges avec mon voisin Joël, le vigneron. Ce voyage, finalement, me ramène souvent à ces choses qui m'ancrent dans la vie. Je retrouve la pierre, les vignes, la nature, des éléments qui m'ont accompagné tout au long de mon existence. De Montgesty au Cap en passant par Mendoza et aujourd'hui au Mas-de-Londres, au pied du pic Saint-Loup !

André Breton, grand poète et théoricien du surréalisme, a prononcé cette phrase magnifique lorsqu'il a découvert Saint-Cirq-Lapopie, l'un des plus beaux villages de France, dans mon Lot natal : « Quand je suis ici, je ne me désire pas ailleurs. » Eh bien, cette phrase, je la fais mienne ! Aujourd'hui, pour rien au monde, je ne me désirerais ailleurs. Ce qui ne veut pas dire que mon chemin s'arrêtera là...

8

De l'autre côté du miroir

« Être aimé sans séduire est l'un des beaux destins de l'homme. »

André Malraux

Il n'était pas prédestiné à ça. Ce n'était pas dans sa nature. Pourtant, au fil du temps, Fabien Galthié est devenu un homme de médias. Son statut d'ancien international, son image de capitaine de l'équipe de France et sa notoriété l'ont propulsé aux commentaires des grandes rencontres internationales sur les antennes de France Télévisions, succédant ainsi aux illustres Dacquois Pierre Albaladejo et Thierry Lacroix. Une opportunité qui lui a ouvert de nouveaux horizons et qui lui permet d'avoir un regard aiguisé sur le rugby d'aujourd'hui.

Face à nous trônait le téléviseur. Par moments, les images en noir et blanc semblaient figées. Dans mon souvenir, cela ne bougeait pas beaucoup car, à l'époque, il devait y avoir quatre fois moins de caméras qu'aujourd'hui. Je me souviens aussi de la voix de Roger Couderc et de la fumée qui se dégageait de chaque mêlée. Les chants de l'Arms Park de Cardiff m'impressionnaient énormément. Et puis il y avait les visages. Celui qui m'a le plus marqué, c'est celui de Jean-François Imbernon. Le réalisateur avait des difficultés à suivre les protagonistes quand le jeu prenait de la vitesse, alors il se rattrapait sur les touches. Et là, on ne voyait que lui, avec son gros bandeau sur les oreilles ! Je regardais la première mi-temps avec beaucoup de passion puis, avec mon frère et mon cousin, nous allions jouer la seconde mi-temps dans le champ, en contrebas de la boulangerie. On avait envie de se prendre pour Imbernon, Rives ou Fouroux et, en même temps, nous commentions nos actions « à la Roger Couderc ». Daniel Bilalian m'avait renvoyé à cette imagerie, ces odeurs, cette période merveilleuse de mon enfance. Je comprenais mieux ce qu'il voulait dire et je me sentais excité à l'idée de passer à mon tour derrière le micro. « C'est avec un grand plaisir que j'accepte votre proposition, monsieur Bilalian. Je vais m'efforcer d'être à la hauteur de la tâche. » Affaire conclue.

Dès mes débuts, je demande conseil autour de moi. J'écoute les retours de mes proches. Thierry Gilardi, vice-président du Stade Français et journaliste à

Canal+, me dit de rester sobre : « La parole du consultant doit être rare. Plus elle est rare, plus elle est riche. Donc essaie de ne pas en faire des tonnes ! » Cela m'a considérablement servi. Hélas, je n'ai pas de styliste dans mon entourage. C'est ainsi qu'après un match entre la France et la Nouvelle-Zélande à Lyon, Bilalian me rappelle à l'ordre : « À l'avenir, mettez des costumes unis. Ça passe mieux à l'écran. » Une manière polie de me dire que je suis habillé comme un plouc. Il faut préciser que son père était tailleur, alors il sait de quoi il parle. Pourtant, j'étais convaincu que mon costume rayé « à l'anglaise » offert par Lacoste ferait son petit effet ! Mais pas dans ce sens-là !

Je prends tout de suite beaucoup de plaisir à cette nouvelle fonction. Surtout, très rapidement, j'ai conscience que c'est une occasion unique de raconter aux gens qui ne connaissent pas forcément le rugby la formidable histoire de ce sport. Quand je prends l'antenne, je pense à chaque fois à cette famille réunie autour de la table de la cuisine familiale, à ces paysans, ces pêcheurs, ces enfants qui attendent les hymnes avec impatience et le début d'un grand moment de sport. Le tournoi, c'est un peu ma madeleine de Proust ! Je suis à la fois spectateur et témoin de ma passion. Le tournoi, c'est un peu comme un tableau de maître que l'on redécouvre chaque année. On y observe des détails qui nous avaient échappé et, surtout, on pourrait rester planté devant pendant des heures ! J'ai toujours aimé le poids de la tradition s'y passe tant de choses : l'ambiance près des stades, dans les hôtels et les bars où les supporters se réunissent de longues heures auparavant pour lancer le match autour d'une bonne bière. C'est une immersion totale, profonde dans une culture qui n'est pas la nôtre, à seulement une heure de Paris.

Aussi, quand je suis dans les entrailles du stade à traîner, guetter les joueurs et les sélectionneurs, je constate qu'il s'y trame un gigantesque jeu de rôles à travers les interviews, les petites phrases lâchées avant les rencontres. Je le sais parce que c'est ce que je vis d'habitude en tant que manager. Ce qu'il faut comprendre, c'est que le plus important, le plus intéressant, l'essentiel, se passe avant. En amont de ces rendez-vous : comment une équipe s'entraîne durant la semaine, quels axes ont été travaillés en mêlée et en touche, quelles stratégies ont été décidées au tableau noir, comment se déroulent les réunions, les briefings, les entretiens avec les joueurs et les ajustements de dernière minute... Tout ça, c'est top secret mais, à mon sens, c'est là que tout se joue. Il existe un monde entre ce que l'on voit ou entend à la télé et ce qui se passe vraiment tout au long de la semaine. Les gens ne perçoivent que des bribes, des retours d'atmosphère. Notre rôle de commentateur consiste alors à expliquer au mieux ce que l'on a observé ou entendu, tout en étant didactique dans notre manière de faire vivre la rencontre.

Au début, cela me demande beaucoup d'efforts

parce qu'il faut que j'apprenne à m'exprimer convenablement, à bien placer ma voix, à trouver les bons mots. Et, honnêtement, je me suis très vite rendu compte qu'en tant que Lotois, mon accent du Sud-Ouest peut me jouer des tours. En effet, j'ai tendance à avaler les mots ! Alors, comme une cantatrice ferait ses vocalises, je m'impose des petits exercices de prononciation quelques minutes avant le coup d'envoi : « Piano, panier, pommier, piano... » Et tout ça de plus en plus vite. Évidemment, avec le temps, on acquiert de l'expérience et une forme de savoir-faire, mais il y a toujours des choses qui viennent parasiter notre travail.

Depuis huit ans, Fabien a donc découvert les fameux « aléas du direct » ! Les lignes qui vont suivre retracent les anecdotes les plus cocasses vécues lors de nos différents déplacements et commentaires de matchs.

L'un de mes premiers souvenirs marquants remonte à l'époque où je commentais à tes côtés la Coupe d'Europe. Nous étions à Swansea, au Liberty Stadium, pour retransmettre la rencontre entre les Ospreys et le Stade Français quand, à cinq minutes de l'antenne, tout a explosé ! Le réseau d'ordre avec Paris, c'est-à-dire la liaison sonore avec la régie et le responsable d'édition, était coupé. Pour couronner le tout, nous n'avions plus aucune image sur nos écrans de contrôle et nous ne nous entendions même pas parler dans nos casques. Le noir complet ! Un moment d'angoisse car, d'un seul coup, on avait perdu tous nos repères, et il fallait malgré tout faire bonne figure au moment de la prise d'antenne. Dans de pareils cas, il faut réussir à garder l'esprit clair et à maintenir une concentration extrême.

Le chef d'édition t'envoyait des SMS pour t'informer de l'évolution de la situation et te faire un décompte approximatif : « Antenne dans une minute. On tente de régler le problème, mais vous allez devoir probablement commenter le premier quart d'heure à l'aveugle. » Tu as pris l'antenne comme si de rien n'était, et je me suis calé dans ta roue. Je peux dire que j'ai vécu une mi-temps sur ton porte-bagages, ce jour-là. Je devais réagir et apporter un éclairage technique sur des actions que je ne voyais même pas. Un exercice périlleux ! Les téléspectateurs bénéficiaient de tous les ralentis alors que, de notre côté, nous ne relations que ce que nous pouvions voir depuis notre position dans le stade, c'est-à-dire pas grand-chose ! J'ai d'ailleurs très vite constaté, en passant de l'autre côté de la barrière, que l'on voit beaucoup plus de choses à la télé qu'au stade.

Mais j'adore mon rôle de consultant ; je retrouve à nouveau le travail collectif. Une bonne occasion de constater que l'on peut se reposer les uns sur les autres en cas de coup dur. D'ailleurs, pour évacuer cette pression lors de la prise d'antenne, je m'imagine souvent que nous sommes dans un canapé entre potes et que l'on se raconte le match. C'est toujours mieux que de penser que nous nous adressons à six, huit, dix ou douze millions de téléspectateurs ! Au fond, tout le monde est là pour passer un bon moment.

Pour autant, il nous arrive parfois d'avoir des désaccords profonds, comme ce jour de février 2010, lors du match Écosse-France. Comme à chaque match du XV de France, nous devions décider du Talent d'or récompensant le meilleur joueur de la rencontre. Dans ce cas, la démarche est toujours la même : tout d'abord, le vote du public nous donne une tendance puis, à quinze minutes du coup de sifflet final, tu me demandes par écrit de te soumettre un nom. Ensuite, tu en discutes avec le responsable d'édition présent dans le car de réalisation et, à la fin de cette consultation à trois, tu annonces le résultat aux téléspectateurs. Ce samedi-là, je souhaitais que Thomas Domingo reçoive le Talent d'or car il avait produit un gros match en mêlée et démontré une mobilité de tous les instants dans le jeu courant. C'était aussi une manière de récompenser « les gros », qui ferraillent souvent dans l'ombre. Mais nous n'étions pas d'accord ! Mathieu Bastareaud, qui fêtait son retour en bleu après le fameux épisode de la « commode » en Nouvelle-Zélande, avait marqué un doublé au cours de ce match, le premier de sa carrière. Après un court échange avec le chef d'édition, tu annonças qu'il avait été élu homme du match. Il restait dix minutes à jouer et j'ai alors posé mon casque sur le pupitre et observé le silence jusqu'à la fin de la partie. Pendant ces longues minutes, je te voyais fulminer. Ton regard était de plus en plus noir et, par moments, tu coupais la clé de ton micro afin de ne plus être à l'antenne pour me balancer : « Remets ton casque et commente. Je te préviens, ça ne va pas se passer comme ça. On réglera ça après, mais on doit terminer notre boulot. Tu frises la faute professionnelle ! » Moi, je boudais dans mon coin et te laissais seul...

« La France débute idéalement ce tournoi avec cette victoire en Écosse. Merci de nous avoir suivis. On se retrouve dans quelques instants dans *Stade 2* en compagnie de l'homme du match... » Une fois l'antenne rendue et la publicité lancée, tu revins à la charge : « Bon, ça ne peut pas se passer comme ça, Fabien ! Il va falloir que l'on discute très sérieusement. En attendant, dans cinq minutes, on va être en duplex dans *Stade 2*. Tu fais bonne figure, tu souris, tu dis ce que tu veux, mais tu te reprends et tu arrêtes tout de suite ce genre de caprice ridicule ! » Je dois avouer que j'ai pu constater ce jour-là que tu as un sacré caractère ! Sur le chemin du retour, dans le taxi, pas un mot jusqu'à la réunion de crise au bar de l'hôtel en présence de Fred Godard, le réalisateur, de Cédric Beaudou, l'homme de terrain, et de Jean-François Kerkaert, le responsable d'édition. « Ton comportement est inadmissible ! Tu as le droit de ne pas être d'accord sur notre choix, mais me laisser seul aux commentaires pendant dix minutes est une faute professionnelle ! » Les minutes n'estompaient pas ta colère !

« Écoute, Matthieu, je considère que votre choix

et Cédric Beaudou, qui devait assurer les interviews en bord de terrain, nous ravitaillait en petits-fours, tel un maître d'hôtel. En même temps, c'était assez drôle ! Le lendemain, de retour à Paris, nous n'avons pas pu nous rendre à Perpignan, car les ailes des avions étaient gelées, et nous avons dû nous replier dans les studios à Paris pour faire une « cabine », comme on dit dans le jargon. Un week-end de looser !

Mais l'épisode le plus marquant reste incontestablement cette escapade en Italie durant le tournoi 2009. Nous allions commenter un match des moins de 20 ans au Stadio Comunale de Chieti, près de l'Adriatique. Nous étions partis de Rome sous un soleil de plomb. Il faisait bon et doux dans la capitale italienne en ce mois de mars, et la route était belle. Il fallait traverser les Abruzzes, une région magnifique. Sur les coups de midi, nous avons décidé de nous arrêter manger dans une petite auberge typique d'un village reculé, au milieu des montagnes. Le propriétaire des lieux nous a accueillis chaleureusement et nous a fait déguster son meilleur jambon et ses plats traditionnels « maison ». Il faut dire qu'il n'y avait que nous dans son restaurant ! Il avait donc tout le temps de nous faire découvrir sa carte... Toute sa carte ! Nous étions repus et reprenions la route avec bonheur et entrain. Les jeunes espoirs français allaient s'imposer quelques heures plus tard et réaliser du même coup un Grand Chelem mérité. Il y avait d'ailleurs du beau monde dans cette équipe, avec Lapandry, comme capitaine, et

Benjamin Fall entre autres. C'était une journée de rêve. Enfin... presque ! Au moment de reprendre la route en sens inverse, une tempête de neige s'est abattue : violente, soudaine et particulièrement dense. Le loueur de voitures nous avait donné un véhicule de sport pas du tout adapté à ce genre d'intempérie. Je n'ai jamais roulé aussi lentement de ma vie ! Vingt kilomètres par heure en vitesse de pointe sur l'autoroute, sagement calé tantôt derrière la saleuse, tantôt derrière les camions pour prendre leurs traces et éviter la glissade assurée ! J'ai bien cru que nous allions finir par dormir sous un tunnel dans notre coupé sport, avec le chauffage à fond les ballons ! Mais, c'est bien connu, tous les chemins mènent à Rome ! Finalement, nous y sommes arrivés au petit matin. Ce sont les aléas de nos aventures, et j'en garde toujours de très bons souvenirs. Je me rappelle d'ailleurs très bien que quelques heures plus tard, nous avons partagé, dans ma chambre d'hôtel, des huîtres rapportées par des supporters rochelais qui étaient venus assister, pour la première fois de leur vie, à un match du XV de France.

Il y a aussi eu ce week-end à Dublin où, à notre arrivée, nous avons suivi un groupe de supporters qui avait fait le voyage avec nous depuis Paris. Ils étaient invités par leur employeur et nous avaient emmenés manger au Brazen Head, un ancien relais de poste datant de 1198 et classé monument historique. C'est dans cet endroit que le fameux « je parie mon scooter » est parti. Nous étions en train de déjeuner devant le match Pays de Galles-Écosse et, sur une pénalité de Chris Paterson, tu n'arrêtais pas de dire qu'il allait la passer, toujours avec cette assurance légendaire qui te caractérise dès lors qu'il s'agit de faire des pronostics. J'avais donc parié le contraire et perdu... mon scooter! Ça avait fait rigoler toute la table, et nous l'avions répété l'après-midi en commentant le match Irlande-Angleterre.

Il y a une forme de bienveillance très agréable à notre égard lors de chaque déplacement, et cela nous permet de faire de jolies rencontres! Cette vie de bohème m'offre la chance d'avoir un pied dans chaque univers et m'équilibre. Ainsi, j'ai beaucoup plus de recul sur ce que je vis au quotidien. À force de suivre et de commenter des grands événements comme le tournoi, j'ai constaté que, parfois, on ajoute une dramaturgie aux résultats d'une équipe qui n'a pas lieu d'être. J'ai vraiment appris à relativiser tout ça car, quand on y réfléchit bien, des matchs, il y en a tous les week-ends, toutes les semaines, tous les mois et, l'année d'après, ça repart. C'est un éternel recommencement. Les hauts et les bas font partie d'une saison, d'une carrière, et il n'y a rien de définitif dans tout ça! La vie ne s'arrête pas là, ce n'est qu'un jeu. En observant les autres et en partageant ce type de moments avec les supporters, j'ai appris que l'on peut vivre les victoires ou les défaites autrement.

Et le commentaire à proprement parler, Fabien, qu'en est-il? Comment vis-tu ce moment? Y a-t-il des choses à ne pas faire, à ne pas dire ? Et d'ailleurs, ne préférerais-tu pas être le sélectionneur plutôt que le commentateur ?

Est-ce que je m'applique un droit de réserve lorsque je commente les matchs de l'équipe de France ? Oui et non. En réalité, je ne donne pas un avis tranché sur le jeu des Bleus. De la même manière, je ne le fais pas non plus quand je commente les matchs de l'Angleterre, du pays de Galles ou les autres nations. Pourquoi ? Parce que je suis du sérail et que je connais la difficulté de la tâche. Tous les jours, je suis sur le pré. Je suis un homme de terrain. Je sais qu'entre le désir que l'on a de voir évoluer les joueurs de telle ou telle manière et la réalité, il y a un gouffre. Je connais la fragilité des hommes. Quand on veut utiliser Pierre et que ce dernier est blessé au dernier moment et que l'on veut prendre Paul mais que ce dernier est trop juste, alors on se rabat sur Jacques, et le résultat escompté n'est pas forcément au rendez-vous. Pour toutes ces raisons, je ne me permets pas de trancher de manière catégorique, comme le font beaucoup. Je connais la complexité du job.

Ensuite, est-ce que j'aimerais un jour devenir sélectionneur ? Oui. Je mentirais si je disais le contraire. Par le passé, l'opportunité s'est présentée à deux reprises, en 2007 et en 2011. Dans les deux cas, les chemins n'ont mené nulle part. Je n'ai pas été choisi. C'est la vie, c'est comme ça ! Encore une fois, comme le disait André Breton : « Je ne me désire pas ailleurs. » Je suis très bien là où je suis, que ce soit dans mon rôle d'entraîneur à Montpellier, dans celui de consultant pour France Télévisions ou encore chez Capgemini Consulting. Ces trois activités me comblent amplement, et je n'aime pas forcément me projeter dans le futur. Je suis bien dans le présent. Je marche, je chemine. Il y aura sûrement de nombreuses autres rencontres à venir, d'autres aventures, mais chaque chose en son temps. Aujourd'hui, je suis incapable de dire ce qui se passera. Tout va très vite dans le rugby professionnel. Tout change. Cela va faire bientôt trente ans que j'évolue dans ce rugby-là. Le tournoi est passé de cinq à six nations. Le championnat qui comptait soixante équipes puis quarante, puis vingt, puis seize est devenu aujourd'hui le Top 14. Dans l'hémisphère Sud, on joue le Super 15 ; demain, ce sera le Super 16, avec l'intégration d'une province argentine. Et après-demain le Super 17 peut-être. Avant, il n'y avait pas de provinces galloises, irlandaises, écossaises ou encore italiennes. La Celtic League n'existait pas, la Coupe d'Europe non plus. Toutes les compétitions telles que je les ai connues à mes débuts se sont transformées. En somme, le rugby n'est plus le même. Ce sport qui était ultraconservateur a évolué de manière fulgurante, et c'est peut-être encore loin d'être terminé. La révolution est en marche. Ce qui m'importe dans tout ça, c'est que l'on trouve une meilleure harmonisation et que l'on préserve les hommes.

Quand je vois les jeunes arriver aujourd'hui, les bons joueurs, ceux qui aspirent à devenir professionnels, ceux qui ont du talent, je me dis qu'ils ont tout pour être heureux et pourtant... À leur âge, il me semblait que le monde s'ouvrait à moi et je regardais l'avenir avec confiance, même si j'étais amateur. De nos jours, j'ai l'impression que ces jeunes joueurs sont dans une autre démarche, ont une tout autre vision du rugby. Il faut vite qu'ils signent un contrat sous la pression ou les conseils avisés (ou intéressés) de leurs agents, parfois même de leurs proches. Ils ont très tôt le sentiment que leur contrat ne leur rapporte pas assez d'argent et n'est pas assez long. Ils veulent capitaliser tout de suite, car ils ont l'impression que leur carrière peut se terminer très vite, alors qu'elle débute à peine ! Quand je parle avec eux, à l'aube de signer leur premier contrat professionnel, ils évoquent déjà la fin, alors qu'ils sont dans leurs premières années ! Du coup, je me pose cette question : quand le rugby est né dans les collèges en Angleterre et qu'il a été adopté par le système universitaire britannique, c'était bien pour que les jeunes gens deviennent de meilleurs hommes, oui ou non ? Ils devaient apprendre à vivre en communauté, à souffrir, être solidaires dans l'engagement, courageux, dans le don de soi. Sur le terrain comme en dehors. Aujourd'hui, le rugby professionnel répond-il aux critères d'origine de notre sport ? J'ai peur qu'en réalité, le rugby actuel nous enferme. Ce sentiment de liberté que j'ai toujours éprouvé ne doit pas disparaître. J'aimerais que cette tendance s'inverse. Un peu comme on le fait dans le jeu sur un « retour intérieur »...

Remerciements

Merci à Cyril, Nicolas, Jérôme, Philippe, Patrice, Éric, Stéphane, Nick, Pablo, Alain, Christophe, Frédéric, Richard, Henri, Dominique, Hervé, Laurent, Pierre, Beñat, Christian, Rémy, Mario, Franck, Peter, Sylvain, Mathieu, Imanol, Tony, Serge Robert, Gauthier, Drikus, Marc, Illian, Jean-Luc, Santi, Robin, Pierre, Jacques, Louis, Jean-Baptiste, Pascal, Mamouka, Aliki, Jean-Michel, Olivier, Tony David, Aurélien, Thierry, Micha, Bernard, Sylvain, Mike, Thibaut, David, Mario, Francis, Sergio, Mathis, Juan, Johnny, Martin, Tati, Laurent, Damien, Pato, Jim, Max, Fabrice, Felipe, Martin, Bruno, Enzo, Denis, Alex, Nem, Rodrigo, Diego, Stéphane, Louis, Brian, Thomas, Ignacio, Jean-Phi, Julien, Mathieu, Raphaël, Bernard, Fabien, Michel, René, Yohan, Benjamin, François, Vincent, Émile, Jean, Mohed, Cédric, Patrick, Abdel, Jo, Anthony, Pierre, Henri, Gilles, Marcel, Radiki, Pascal, Antoine, Alain, Antoine, Maurice, Jackie, Massi, Georgi, Jean-Pierre, Didier, Gérald, Pablo, Patrick, Benoît, Lionel, Charles, Mauro, Jean-Noël, Micro, Jean-Charles, Pedro, Dimitri, Benjamin, Daniel, Sven, Bola, Wynand, Xavier, Jean- Jacques, Guy, Régis, José, Francis...

Table des matières

Avec Retour intérieur, francetvsport *inaugure une collection de témoignages de grands sportifs à paraître chez Solar.*

Direction : Jean-Louis Hocq
Éditeur : Benoît Bontout
Couverture : Thierry Sestier
Mise en pages : Nord Compo
Fabrication : Emmanuelle Laine

Cet ouvrage a été imprimé en France par

CPI
BRODARD & TAUPIN

La Flèche
en mars 2014

MIXTE
Issu de sources responsables
FSC® C003309

N° d'impression : 3003922
Dépôt légal : avril 2014